ESSAI

SUR

LA VIE ET L'ADMINISTRATION

DU

DUC DE GAËTE.

Martin-Michel-Charles Gaudin,
Duc de Gaëte.

Ministre des Finances de l'Empire.

Né à St Denis (Seine) le 16 Janvier 1756; mort à Paris le 5 Novembre 1841.

ESSAI

SUR

LA VIE ET L'ADMINISTRATION

DU

DUC DE GAËTE

MINISTRE DES FINANCES DE L'EMPIRE

PAR AUGUSTE **PORTALIS**

Membre de la Chambre des Députés, conseiller à la Cour royale de Paris.

Suum cuique.

PARIS

IMPRIMERIE DE E. DUVERGER,

RUE DE VERNEUIL, N° 4.

1842

ESSAI

SUR

LA VIE ET L'ADMINISTRATION

DU

DUC DE GAËTE.

PREMIÈRE PARTIE.

INTRODUCTION.

L'empire n'a pas eu seulement en partage la gloire militaire, il a brillé aussi par ses législateurs, ses ministres, ses financiers et ses jurisconsultes. Napoléon apparaîtra dans l'histoire entouré non-seulement de ses illustres généraux, mais encore d'un cortége de fonctionnaires civils qui ont honoré la France par leurs talents et leurs vertus. Il fallait vaincre sans doute les ennemis du nom et du drapeau français, mais il n'était pas moins difficile et peut-être moins glorieux de rétablir à l'intérieur la constitution et les finances du pays. Les finances ont toujours été considérées comme étant la base de toute organisation politique, le nerf de la guerre et le levier du gouvernement. Le rétablissement des finances était donc, à l'origine de l'empire, le problème dont la solution était la plus nécessaire et la plus impatiemment attendue. Quand on songe surtout à l'état dans lequel était tombé notre crédit et au vide du trésor public, on comprend tout ce qu'avait d'urgent et de difficile l'organisation de nos finances. La guerre était loin d'alimenter la guerre, et les armées manquaient de tout, excepté de courage et de résignation. La ressource des confiscations n'enrichissait pas non plus le gouvernement, qui n'avait que l'odieux de ces mesures. Le capital de cinq francs de rentes sur l'État ne se vendait à la Bourse que dix francs. La perception des impôts, nulle dans quelques départements, irrégulière dans tous, était dévolue d'avance à quelques fournisseurs qui prêtaient à usure au Trésor et ne lui faisaient que de misérables avances. La révolution française, en un mot, était menacée de périr par la ruine de tous ses moyens d'action et de gouvernement. Aussi les puissances ennemies de la France se croyaient-elles sûres de leur triomphe, lorsque le consulat de Bonaparte fut le signal d'une ère nouvelle. Le ministère des finances fut par lui confié à Gaudin, et c'est de ce jour que la carrière de cet homme d'état devint une suite de services rendus au pays, une série de triomphes pacifiques à côté des éclatantes victoires du premier consul. De ce jour Gaudin fut connu ; son mérite et sa probité furent révélés à la France, et il commença dès lors à mériter cette gratitude publique qui ne l'abandonna jamais, et dont je désire être aujourd'hui le fidèle interprête en esquissant sa vie et en faisant connaître les principaux actes de son administration.

Cet essai sera divisé en deux parties ; la première comprendra les détails de la vie honorable de cet illustre ministre, et dans la seconde les actes de son administration seront retracés, appréciés et jugés.

CHAPITRE Ier.

NAISSANCE ET JEUNESSE DE GAUDIN.

Le respect religieux avec lequel on recueille les moindres circonstances d'une vie illustre répond à un noble besoin de l'humanité. Il importe en effet à chacun de savoir quel a été le point de départ de celui qui s'est distingué parmi ses semblables ; il importe de connaître le commencement de ses efforts et la source de sa force. C'est une leçon utile, c'est un enseignement salutaire pour tout le monde.

Martin-Michel-Charles Gaudin naquit à Saint-Denis, près Paris, en 1756. Son père était avocat au parlement de Paris ; sa mère, Louise-Suzanne Ragot, était la fille d'un ancien subdélégué de l'intendance de Paris. Il fit ses études au collége de Louis-le-Grand, environné de l'estime de ses maîtres qui admiraient sa constante application au travail, et de l'amitié de ses camarades. La facilité de son humeur, l'aménité de ses manières, son exquise politesse et sa propreté recherchée attiraient et prévenaient en sa faveur. Il fit son droit à Paris, et il avait le désir d'être, comme son père et son grand-père, avocat au parlement.

Né dans la classe plébéienne, ainsi qu'il se plaisait à le dire et qu'il l'a écrit à la première page de ses Mémoires, il n'avait pas l'ambition de se jeter dans les hasards d'un avenir orageux. A cette époque d'ailleurs, en 1771, on ne pouvait guère prévoir ce qui était réservé à la France. Le dix-huitième siècle s'accomplissait dans le couchant plein de splendeur de sa gloire philosophique. Peut-être que l'horizon laissait apercevoir quelques nuages, mais dans le sein de la société française si fortement et si anciennement organisée, du milieu des classes et des familles liées entre elles par tant d'intérêts et de traditions, il était presque impossible de prévoir la révolution régénératrice qui devait renverser la pyramide, l'équarrir, et en faire la base merveilleuse d'une gloire sans exemple et sans fin.

CHAPITRE II.

PREMIERS EMPLOIS DE GAUDIN.

Gaudin entra dans l'administration des finances en 1773; il avait dix-sept ans. M. d'Ailly, ancien ami de sa famille, et qui était premier commis de M. l'intendant des finances d'Ormesson, le plaça dans sa direction. Cette direction embrassait toutes les contributions directes.

Dès son début dans cette administration, Gaudin montra ce qu'on pouvait attendre de lui. Ne se bornant pas à un travail méthodique et stérile, il approfondit les matières qui lui étaient confiées, et il donna la preuve que son avenir serait celui d'un homme d'état. Dans les finances, en général, on a plus d'esprit que de cœur. Les financiers de presque toutes les époques ont montré souvent de la sagacité et de l'intelligence, mais bien rarement de la sensibilité et de la philanthropie. Sous tous les régimes on a cherché les moyens de faire rendre à l'impôt tout ce qu'il doit donner; mais on s'est occupé fort peu du bien-être matériel des peuples. Je n'appelle pas financiers les hommes qui ont dépouillé à leur profit les contribuables, ceux-là sont des voleurs et des escrocs; mais j'appelle financiers ceux qui ont voulu enrichir l'État sans aucun intérêt personnel et remplir les coffres de la nation sans aucune vue particulière, et dans ces honorables fonctionnaires, je répète qu'il s'en est rencontré fort peu qui aient allié le désir légitime d'enrichir l'État, à la volonté de ne point appauvrir la masse des citoyens. Or ce problème fut celui que se proposa Gaudin dès ses premiers pas dans la carrière, et qu'il parvint à réaliser un jour, autant du moins qu'il a été permis à un homme de le faire.

En 1777, à l'avénement de M. Necker au ministère des finances, les intendants furent supprimés. M. d'Ormesson rentra au parlement, et M. d'Ailly fut alors nommé directeur général du département des impositions. Gaudin, quoique âgé à peine de vingt-deux ans, fut chargé d'une direction. Ce fut dans cet emploi qu'il eut la première idée de cette immense opération du cadastre qu'il parvint, à force de persévérance, à réaliser un jour. Qu'on se figure la prodigieuse puissance d'esprit qu'il fallait à une époque où les droits de la féodalité se heurtaient contre les établissements du clergé, où les propriétés des communes et celles des particuliers étaient confondues dans une sorte de chaos de prétentions rivales ou ennemies; qu'on se figure, dis-je, ce qu'il fallait de force et de courage pour prétendre à réglementer ce territoire immense, à niveler ces aspérités, à faire disparaître ces inégalités et à soumettre à un impôt juste, équitable et égal pour tous, ces ressources et ces valeurs qu'on se disputait à l'envi et qui cherchaient, de leur côté, à échapper à tous les prétendants.

Gaudin fut chef de l'une des divisions de la direction générale des impositions jusqu'en 1781. A cette époque, Necker fut remplacé au ministère des finances par M. Joly de Fleury, et celui-ci se hâta de rétablir les intendants des finances et de rappeler M. d'Ormesson. Quant à Gaudin, il fut maintenu dans la direction; mais M. d'Ailly rentra dans la vie privée.

M. d'Ailly, pour lequel Gaudin conserva toujours la plus affectueuse reconnaissance et qu'il parvint à faire nommer sénateur sous le gouvernement consulaire, et qui mourut sénateur, supporta impatiemment sa disgrâce et conçut un vif chagrin de sortir d'un poste où il croyait avec raison avoir rendu quelques services. Dans ses Mémoires, Gaudin raconte qu'il allait souvent visiter M. d'Ailly; qu'il cherchait à le consoler et à lui faire oublier l'abandon de ses amis et des clients de sa fortune; mais qu'il trouvait peu de calme et de résignation dans l'âme de son ancien bienfaiteur. Gaudin s'étonne de cette disposition d'esprit, et, faisant un retour sur lui-même, il énonce cette vérité qui a été connue de tous ses amis, à savoir, qu'il a joui de la bonne fortune sans faste et qu'il a supporté la mauvaise sans humeur.

Gaudin fut, du reste, pour M. d'Ailly ce qu'il a

été pour tous les hommes qui l'avaient protégé. Non-seulement il fut plein de gratitude pour son ancien protecteur, mais encore il ne craignit jamais de publier hautement ce qu'il avait dû successivement aux hommes politiques qu'il avait rencontrés dans la région des affaires publiques. Or la reconnaissance est une vertu d'autant plus admirable qu'elle est plus rare, surtout chez les hommes qui, arrivés eux-mêmes dans les postes les plus élevés, sont portés à croire que tout ce qu'on a fait pour eux à leur début était une sorte d'hommage rendu à leurs talents ou un devoir impérieux à raison de l'importance de leurs premiers services.

Jusqu'en 1789, Gaudin, chargé de l'une des directions du ministère des finances, fut ce qu'on appelait alors l'un des premiers commis de cette administration. La situation de ces premiers commis dans les administrations publiques était à cette époque la plus belle que pût ambitionner un fonctionnaire qui n'appartenait pas à l'aristocratie. Il était inamovible de fait, et son expérience et ses talents exerçaient une autorité incontestée sur les affaires. Mais il lui était interdit d'aspirer à une élévation plus grande. Les hautes régions appartenaient exclusivement aux premières classes de la société française, et, à moins que de souhaiter le renouvellement de quelques rares exceptions, ce qui n'eût été ni prudent ni souvent honorable, il fallait renoncer au désir d'être nominalement le chef d'une des administrations du pays.

CHAPITRE III.

GAUDIN COMMISSAIRE DE LA TRÉSORERIE NATIONALE.

La trésorerie nationale fut une institution nouvelle que l'Assemblée constituante créa pour surveiller l'emploi des deniers publics. Dans la seconde partie de cet Essai, je ferai connaître les attributions spéciales et le but immédiat de cette création; mais, pour le moment, j'ai seulement besoin de dire que l'Assemblée voulut que six commissaires de la trésorerie fussent nommés par le roi et que Gaudin fût l'un de ces six commissaires nommés par Louis XVI sur la présentation de M. Tarbé, alors ministre des contributions publiques.

Gaudin entrait dès lors dans une carrière plus élevée, et partant plus exposée aux tempêtes. Ce n'était plus un simple commis sans responsabilité, c'était un fonctionnaire, ayant une surveillance pleine de périls à exercer et une responsabilité à subir. Il changea de théâtre sans changer de caractère, et ceux qui l'ont vu dans les dernières années de sa vie toujours plein de dignité et de calme comprendront sans peine qu'il assumait à cette époque, avec une parfaite égalité d'esprit et avec la sérénité d'une conscience irréprochable, les devoirs rigoureux résultant de sa nouvelle position, qu'il n'avait ni évitée ni recherchée.

Le trésor public, dans les temps de révolution, est un temple dont on doit fermer rigoureusement les portes. Les puissants et les heureux du jour, stimulés qu'ils sont par l'urgence de leurs besoins et par leurs passions d'autant plus avides qu'elles ont moins d'avenir, se pressent autour de ce sanctuaire; c'est un appât pour chacun, parce que pour tous c'est un égal moyen de parvenir au but qu'on se propose. Les commissaires de la trésorerie nationale devaient se défendre contre toutes les demandes et se maintenir dans la rigoureuse limite de leurs devoirs. Ainsi au 10 août, il fut heureux pour les commissaires qu'ils eussent refusé le 7 précédent de payer le second tiers de ce mois qui leur avait été demandé au nom du roi pour l'allocation de la liste civile. Jusque-là on avait payé d'avance tous les dix jours et par tiers, et ce n'était donc que le 10 août que la liste civile avait droit à son allocation, ce qui motiva un refus péremptoire. Le lendemain du 10 août, des commissaires extraordinaires furent nommés pour vérifier les opérations de la trésorerie, et ils avaient la mission de faire arrêter les agents s'ils avaient devancé leurs paiements. Le rapport prouva au contraire que tout avait été régulier, et les six commissaires furent maintenus.

Quelques mois après, Gaudin courut un plus grand danger. Le général Dumouriez, environné de gloire et de popularité, à la tête d'une armée victorieuse, tira des traites considérables sur le trésor public, et ces traites n'ayant pas été acquittées par les commissaires de la trésorerie, il les dénonça comme des ennemis de la gloire française et des partisans du système déchu.

Gaudin et ses collègues auraient eu bien de la peine à échapper aux suites de cette dénonciation signée par un général d'armée victorieux, et soutenu par plusieurs législateurs qui étaient ses partisans, s'il n'avait pas trouvé, dans la fermeté du révolutionnaire Cambon, un appui inébranlable et un bouclier à l'épreuve de toute atteinte. Cambon était président du comité des finances, et dans cette circonstance comme dans toutes les autres, il déploya une énergique intelligence des matières qui lui étaient confiées et une rare sagacité quant aux hommes qu'il devait apprécier. La trahison de Dumouriez vint prouver bientôt combien les commissaires de la trésorerie avaient eu de prudence et de sagesse en résistant à tous les entraînements et en se renfermant dans la stricte observation de leurs devoirs, et à quel point Cambon avait eu raison de défendre les gardiens du trésor public.

Cambon était peu familier avec les attributions financières qu'il s'agissait à cette époque de révolutionner, et avec les dénominations des fonctionnaires qui avaient pris part à la perception des impôts. Ainsi il n'avait pas vu d'inconvénients à laisser confondre avec les soixante fermiers généraux les quarante-huit receveurs généraux de France, et il ne s'était pas opposé à ce que les uns et les autres fussent ensemble décrétés d'accusation. Mais Gaudin ayant eu avis de cet effroyable pêle-mêle qui devait aboutir à une condamnation certaine, à cause de l'effervescence du temps, courut auprès de Cambon et lui fit comprendre que si les fermiers généraux avaient un bénéfice dans la ferme des impôts qu'ils percevaient à leur profit, les receveurs généraux n'avaient d'autre mission que de recevoir ce que les fermiers généraux devaient au trésor public. Cambon aussitôt, avec l'admirable naïveté de l'époque, impose silence au comité dont il est président et explique en deux mots l'erreur signalée par l'un des commissaires de la trésorerie. Cette erreur est reconnue à l'instant et séance tenante par l'assemblée, et le président Cambon dit à haute voix à Gaudin : « Puisqu'il en est ainsi, va au bureau des procès-verbaux et efface le nom des receveurs généraux du décret rendu ce matin. »

Les événements se pressaient alors, les hommes lancés dans un tourbillon qui ne leur laissait ni liberté ni haleine montraient à l'envi les plus sublimes vertus auprès des plus étranges excès. Gaudin avait conservé ses mœurs, ses habitudes, sa propreté et son inaltérable égalité d'humeur. Plusieurs fois il fut dénoncé comme n'ayant pas seulement les vêtements, mais le cœur d'un aristocrate; mais il était autant de fois défendu, à cause de sa probité et de sa loyale franchise, par Cambon et Saint-Just. Ce dernier, un jour, voulut s'assurer par lui-même des motifs d'une dénonciation qui lui avait été adressée contre Gaudin par un fournisseur de l'armée qui voulait toucher sur le Trésor le montant de fournitures qu'il n'avait pas faites. Saint-Just ayant reçu des explications satisfaisantes répondit à Gaudin : « Je me doutais de ce que c'était. Après-demain la réponse à la dénonciation sera dans *le Moniteur.* » Deux jours après, le dénonciateur subissait le sort que les commissaires de la trésorerie eussent subi si l'on avait ajouté foi à ses calomnies.

Ce fut au milieu de ces terribles émotions que Gaudin se maintint commissaire de la trésorerie nationale jusqu'après la Convention nationale. Il eut d'abord pour amis et pour défenseurs sa jeunesse et sa probité; sa jeunesse, qui lui faisait défier les orages; sa probité, qui lui faisait défier la calomnie. Il eut aussi parmi les hommes pour défenseurs le président des finances Cambon, homme pur, vertueux, ferme. Gaudin n'a jamais oublié ce révolutionnaire intègre, et lorsque, devenu ministre des finances de l'empereur, il donna l'une de ces fêtes que le génie de la gloire des conquêtes inspirait, il fit asseoir à sa droite l'ancien président du comité des finances, le vertueux Cambon.

CHAPITRE IV.

DÉMISSION DE GAUDIN.

Gaudin fut commissaire de la trésorerie nationale pendant toute la durée de la Convention. Il avait été nommé par le roi, et il fut maintenu par le gouvernement républicain. Lorsque la république fut proclamée, Gaudin rédigea le rapport sur l'état des finances et le présenta à la Convention au nom de ses collègues et au sien. Il terminait ce rapport par l'offre de leur démission collective, en disant qu'ayant été nommés au poste qu'ils occupaient par une autre autorité, ils devaient nécessairement se retirer. Ce rapport fut très bien accueilli; mais l'on n'agréa point la démission des commissaires de la trésorerie, et sans leur donner ni une autre investiture ni d'autres attributions, on les maintint purement et simplement. Un second rapport fut encore rédigé par Gaudin et présenté en 1793 par les commissaires de la trésorerie sur l'état des finances. Ce rapport rappelait de nouveau leur origine et l'offre de leur démission. Il motiva la même adhésion; on remercia les commissaires de ne point désespérer des finances de la république, et on leur enjoignit de continuer à mériter la confiance et l'estime publiques. Ce ne fut qu'en juin 1795, après le renouvellement de la Convention et l'acceptation solennelle de la Constitution de l'an III, que Gaudin obtint enfin de se retirer par des motifs de santé, et qu'il se retira en effet dans une petite maison de campagne qu'il avait à Vic-sur-Aisne, près de Soissons.

Gaudin était jeune, actif, plein d'intelligence et d'habileté; il était pauvre alors, et pourtant il avait hâte de se retirer. C'est que malgré cette constante sérénité que donne une conscience irréprochable, malgré sa merveilleuse égalité d'âme, il avait beaucoup vécu pendant les cinq années qui venaient de s'écouler, et qu'il avait besoin de repos.

Plusieurs fois il avait vu la cour de la trésorerie nationale envahie par le peuple, et craignant moins pour sa vie que pour le dépôt sacré qui lui était confié, il avait craint de voir disparaître la seule ressource qui existât alors tant pour les subsistances de la capitale que pour subvenir aux plus pressants besoins des défenseurs de la patrie.

Un jour, c'était en 1792, un homme échevelé, sanglant, poursuivi par la populace, se jette en se sauvant dans l'hôtel de la trésorerie. On ferme les portes aussitôt par un motif d'humanité et aussi dans la crainte de quelques désordres dans l'intérieur de l'hôtel. Mais cet homme était d'Espremenil, et les hommes qui l'avaient poursuivi l'avaient reconnu et le réclamaient. Bientôt les masses populaires entourent l'hôtel, les portes sont enfoncées et on cherche le malheureux réfugié.

Cependant, chose digne de remarque, au milieu de ce tumulte le bon sens populaire respectait les caisses publiques et le bureau des commissaires de la trésorerie; et c'était là que d'Espremenil avait été couché sur un matelas. Pétion arrive alors, les commissaires de la trésorerie lui expliquent ce qui vient d'arriver et l'engagent à user de sa populaire influence pour faire cesser le désordre. Pétion demande à voir d'Espremenil, et celui-ci, se retournant sur son misérable grabat, lui dit ces simples paroles: « Et moi aussi, Pétion, je fus l'idole du peuple. » Pétion pâlit à ces mots, se détourna et disparut. Cependant deux autres membres de la Commune de Paris, jeunes, pleins de courage, exaltés parmi les plus révolutionnaires du moment, surviennent à leur tour. Gaudin leur explique ce qui se passe. Ils comprennent le danger; ils parlent au peuple, lui disent le respect qui est dû à la justice du pays et l'importance des caisses publiques, parviennent à disperser les assaillants et ensuite reviennent chercher d'Espremenil et le conduisent dans une maison sûre.

Une seconde fois la trésorerie nationale fut encore envahie; mais ce fut par des femmes. La Convention avait rendu un décret, noble dans son principe, juste dans son but, mais dont l'application était presque impossible. Le décret était rendu en faveur des femmes de ceux qui étaient sous les drapeaux et leur accordait une paie journalière. Des malintentionnés indiquent par des placards qu'à un certain jour de la semaine les femmes intéressées n'auraient qu'à se présenter au bureau des commissaires de la trésorerie. Il y eut, au jour indiqué par la malveillance, une véritable armée de femmes qui réclamaient à grands cris ce qui leur avait été promis. Gaudin comprit aussitôt qu'il fallait user de prudence; il fit entrer dans une grande salle celles qui paraissaient les plus animées et leur dit que leur demande était fort juste, mais qu'il fallait que chaque femme apportât l'acte de célébration de son mariage. Il n'en fut plus question.

Enfin le 8 thermidor la trésorerie nationale fut encore envahie, et cette fois par des hommes armés. L'influence de Robespierre était aux prises avec la colère de ses ennemis. Les commissaires de la trésorerie ignoraient ce qui se passait à la Convention et à la Commune, et quelles étaient les intentions des hommes qui spontanément étaient venus en armes dans l'hôtel de la trésorerie nationale. L'un de ces hommes s'approche de Gaudin et lui dit : « Serait-il possible que le bruit qui se répand fût fondé? Que veulent-ils donc? *les choses allaient si bien!* — Que veux-tu! lui répondit Gaudin, il y a des gens qui ne sont jamais contents. » Quelques instants après on sut ce qui était arrivé; la troupe, qui peut-être aurait crié *vive Robespierre!* cria *à bas le tyran!* et l'on sut, du reste, que la troupe citoyenne s'était présentée de son propre mouvement pour garantir les caisses publiques, *quoi qu'il arrivât.*

On comprend qu'après de si longues et si vives inquiétudes, l'âme honnête et sensible de Gaudin eut besoin du calme de la campagne. Il avait commencé à apprécier les hommes politiques, du jour où, appelé comme commissaire de la trésorérie pour la première fois à communiquer et soumettre à la signature de Louis XVI quelques ordonnances de détails et de services, il avait entendu ce prince dire : « Après tout, je suis résigné, » jusqu'au jour où il avait vu les idoles du jour écrasées sans pitié sous les pieds de leurs adorateurs de la veille.

Il était juste envers le peuple de ce temps. Il répétait souvent que jamais il n'y avait eu moins de vols et d'attentats. Il rentrait toutes les nuits fort tard dans son domicile situé au milieu d'un quartier désert et fort éloigné, et jamais il ne courut aucun danger. Un incendie s'étant déclaré dans son logement en son absence, tous ses meubles furent portés dans la rue et les maisons voisines. Quand l'incendie fut éteint, tout lui fut religieusement rendu, et l'on n'avait pas même détaché un papier ni ouvert un portefeuille; et quand il voulut récompenser les hommes du peuple qui l'avaient ainsi obligé sans le connaître, ceux-ci lui répondirent noblement : « Nous ne voulons rien accepter du feu. »

CHAPITRE V.

GAUDIN EST NOMMÉ DIRECTEUR GÉNÉRAL DES POSTES.

Du sein de sa retraite, Gaudin entendait les lointains ébranlements de la révolution qui était devenue moins meurtrière, mais qui n'était pas moins agitée. Il goûtait les douceurs du repos, non comme l'homme oisif et égoïste qui savoure d'autant plus le calme dont il jouit que la tempête mugit plus cruelle au dehors, et qui dit comme Tibulle :

Quam libet immites ventos audire cubantem !

mais comme l'homme de travail et de cœur qui a laborieusement acheté son loisir et qui reprend de nouvelles forces pour se dévouer de nouveau au bien de son pays. En brumaire an IV, le Directoire fit proposer à Gaudin le ministère des finances, et il n'hésita pas à le refuser. Il n'y avait pas assez longtemps qu'il avait quitté la scène publique. Les conseils lui donnèrent alors une haute marque d'estime et de confiance et le nommèrent spontanément l'un des commissaires de la trésorerie; il refusa encore et s'excusa à raison de sa santé. En l'an VI on eut l'idée de créer un commissaire général près la trésorerie, dans l'intérêt du pouvoir exécutif et avec la destination de surveiller les surveillants, ou plutôt d'empêcher que l'action publique fût à chaque instant entravée et paralysée par la négligence ou le mauvais vouloir. Le Directoire offrit ce poste à Gaudin, qui refusa, en disant avec raison que la nouvelle attribution qu'on voulait créer était une dépendance nécessaire du ministre des finances, et que cette création serait fort mal accueillie par les conseils. En floréal il accepta, sur de nouvelles et plus pressantes offres, l'emploi d'intendant général des postes. Ce n'était pas une sinécure à cette époque; il s'agissait de rétablir le service et d'inspirer aux habitants une confiance qui avait été étrangement ébranlée. Le choix de Gaudin était pour le Directoire une bonne action; c'était un retour public et solennel vers les éternels principes de la justice. Les citoyens ne devaient plus craindre des abus et des crimes dans l'exercice du droit de correspondre entre eux. La violation du secret des lettres, que l'on ne saurait excuser même dans le sein des agitations les plus violentes, est l'un de ces attentats qui annoncent le plus de corruption de la part des gouvernants et propagent parmi les gouvernés la défiance la plus profonde. Gaudin vint à Paris et se mit à la tête de la direction générale des postes. De ce jour tous les abus cessèrent, et la sécurité de la correspondance fut une vérité. Peu de temps après, Sieyès proposa de nouveau à Gaudin le ministère des finances, et il hésitait à formuler un nouveau refus lorsque l'un des hommes puissants de l'époque, l'interpellant sur la dette inscrite au grand-livre, lui dit : « Est-ce que tu crois que c'est dû ? Pourquoi payons-nous, puisque ce n'est pas nous qui avons emprunté ? » Gaudin crut voir dans ces paroles la preuve que les principes du crédit public n'étaient pas encore bien familiers aux hommes du gouvernement, et il refusa. Il continua les fonctions d'intendant général des postes jusqu'au 18 brumaire. La veille de ce jour il fut appelé chez le Directeur Sieyès, et celui-ci, venant à lui, lui demanda s'il refuserait encore le ministère des finances si on le lui offrait quelques jours après. Gaudin répondit alors qu'il l'accepterait.

Cette époque du 18 brumaire a été diversement jugée. Les uns ont vu dans le renversement de la constitution de l'an III le résultat d'une conspiration, les autres y ont vu l'accomplissement des vœux du pays, quelques-uns une usurpation violente et brutale, quelques autres le premier pas d'un despotisme qui avait le secret de sa force et de sa grandeur future. Il y avait de tout cela dans ce mémorable événement; mais il y avait surtout la révélation d'une impérieuse nécessité. La constitution de l'an III était tombée dans l'impuissance; les agitations révolutionnaires l'avaient trop ébranlée dans son origine et dans son berceau, pour qu'elle pût exercer une grande autorité morale dans le pays. Des hommes avaient surgi dans les camps au milieu des chances de la guerre, et ces hommes étaient plus puissants qu'une constitution, qui était une sorte de problème philosophique et qui ne répondait entièrement ni aux traditions, ni aux besoins, ni aux exigences du pays. Pour qu'une constitution ait de l'avenir, il ne suffit pas qu'elle soit un calcul régulier et une exacte pondération des pouvoirs publics, il faut qu'elle soit sortie successivement des grandes élaborations nationales. Je n'entends excuser ni légitimer aucun attentat; mais je dis seulement qu'au 18 brumaire il y avait pour la France nécessité de faire autre chose que ce qui existait.

CHAPITRE VI.

GAUDIN MINISTRE DES FINANCES.

Le 19 brumaire, le premier consul fit appeler Gaudin. « Vous avez, lui dit-il, longtemps travaillé dans les finances? — Pendant vingt ans, général. — Nous avons grand besoin de votre secours, et j'y compte. Allons, prêtez serment, nous sommes pressés. » Telle fut la première entrevue du premier consul avec son ministre des finances. Ce dernier eut à peine le temps de remarquer la figure sérieuse et expressive du général. Gaudin racontait depuis que la grande précipitation de paroles du premier consul l'avait surpris, et que ce n'avait été que plus tard qu'il avait compris que chez cet homme vraiment extraordinaire la profondeur et la netteté des vues s'alliait avec une rapidité insolite dans l'expression.

Nous dirons dans la seconde partie de cet Essai dans quel état étaient le trésor public, le crédit, les impôts de la république, lorsque le nouveau ministre des finances, après avoir prêté serment entre les mains des consuls, prit possession de son ministère. Ce que nous pouvons dire dès à présent, c'est qu'il suffit d'abord à toutes les éventualités, c'est qu'il mit un premier appareil à toutes les blessures, c'est qu'il para avec sa probité et sa franchise tous les coups portés à la confiance publique, c'est qu'ensuite il organisa le service des impôts, c'est qu'il assura la juste rémunération des emplois, c'est qu'il distribua toutes les ressources du pays, c'est qu'il créa toutes les administrations financières avec économie et une grande habileté, c'est qu'on lui doit, en un mot, cet ordre dans les finances qui a remplacé sous le Consulat le plus effroyable chaos, qui a survécu à l'empire, n'a point succombé à deux invasions, s'est imposé à la restauration, a défié toutes les traditions et rancunes de l'ancien régime, s'est maintenu contre les prétentions incessantes des émigrés et du clergé, a traversé la révolution de 1830 sans en être atteint, et est parvenu jusqu'à nous, chancelant peut-être et attaqué de toutes parts par les innombrables fauteurs de la corruption et de l'intrigue parlementaires, mais enfin pur dans son principe, généreux dans son but, riche dans ses resultats, tel, en un mot, que Gaudin l'avait créé.

Les puissances ennemies de la France comptaient avec raison sur le désordre de ses finances pour triompher de son courage et de sa force. Gaudin devait donc être odieux aux adversaires de la nationalité française, et on ne lui épargnait pas les injures dans les journaux anglais. Cependant le *Mercure britannique* du 10 décembre 1799, se piquant de quelque impartialité, écrivit à son sujet ces lignes remarquables : « S'il ne déploya pas des talents et des vues capables de justifier l'empressement avec lequel on lui confia le poste important de ministre des finances, au moins s'y conduisit-il toujours avec beaucoup d'intelligence et surtout de fidélité... Il mit tant de loyauté dans ses négociations, qu'il rétablit la confiance en peu de temps, et qu'au bout de deux ans il avait réussi à faire négocier les valeurs du Trésor avec autant de faveur que les meilleurs effets de commerce. »

Gaudin était un homme modeste et sensé. Il ne déploya ni les talents d'un charlatan ni les vues d'un banqueroutier public. Il prenait au sérieux l'impôt qui pèse sur le peuple et la dette qui grève l'avenir. Il ne jouait pas avec les ressources de la France, et ne faisait pas de condamnables expériences comme l'Angleterre l'aurait sans doute désiré.

Le premier consul ne tarda pas à apprécier tout le mérite du ministre des finances. Il se faisait expliquer par celui-ci l'état du Trésor, et il ne maîtrisait ses vives inquiétudes au sujet de quelques éventualités imminentes, que sur les assurances de Gaudin que tout était prévu. A cette époque l'ancien intendant des finances, de Calonne, revint en France. Il arrivait d'Angleterre, et il offrit ses services comme financier et homme à idées brillantes et projets magnifiques. Le premier consul ne se laissa point éblouir, et il dit à Gaudin : « Il m'a pris pour le malheureux prince dont il avait si bien gouverné les affaires. Je vous donnerai son mémoire. »

Dans ses conversations avec Gaudin, le premier consul lui rappela un jour qu'au moment de son départ pour l'armée d'Italie, il avait été voir le ministre des finances de cette époque et lui avait demandé, comme absolument nécessaire, l'envoi de cinq cent mille francs à Nice pour les besoins urgents de l'armée française. « Et, ajouta le premier consul, combien croyez-vous que j'aie reçu à Nice? vingt-quatre mille francs. C'est ce qu'a coûté au Trésor de France la conquête de l'Italie, qui me mit à portée d'envoyer successivement plus de dix millions au Directoire et aux armées du Rhin, après avoir soldé toutes les dépenses de l'armée que je commandais. »

Cependant Gaudin, qui n'était pas ambitieux et qui était aux prises avec les nouveaux courtisans qui saluaient l'aurore du pouvoir, voulut se retirer et en manifesta l'intention. Le premier consul lui écrivit aussitôt à la date du 7 germinal an VIII :

« Je reçois, citoyen ministre, votre lettre du 6 germinal. C'est parce que nos besoins sont grands et notre position délicate que vos talents, votre probité et votre zèle pour le bien public sont nécessaires.

« Vous avez déjà beaucoup fait. Il vous reste sans doute bien des obstacles à franchir et quelques dégoûts à essuyer; mais les beaux jours viendront.

« Il faut que tout le bien qui reste encore à faire soit fait sous votre ministère.

« Je n'ai pas besoin de vous parler de la confiance et de l'estime sentie que j'ai pour vous.

« BONAPARTE. »

On ne sait quoi le plus admirer dans cette noble lettre du premier consul, ou de sa rare sagacité pour apprécier les hommes et notamment celui à qui il répondait, ou de sa merveilleuse intelligence des affaires qui lui faisait comprendre qu'il restait bien des choses à faire, ou de la familière et délicate bienveillance avec laquelle il semblait parler à un ami.

Gaudin fut vivement touché, et il ne parla plus de sa retraite. Quelque temps après il présenta le budget de l'État, et, dans un mémoire détaillé, il fit connaître l'emploi des fonds et les ressources du Trésor. Napoléon écouta toute la lecture, qui avait lieu dans le sein du conseil d'état et qui fut terminée au milieu d'une approbation universelle. Il rentra dans ses appartements sans dire un mot et sans s'apercevoir s'il était suivi; enfin il s'écria : « Mais c'est très bien; je ne puis pas avoir un meilleur ministre des finances. » Puis se retournant et voyant Gaudin il lui dit : « Vous étiez là ? tant mieux ; je suis bien aise que vous l'ayiez entendu. »

CHAPITRE VII.

GAUDIN COMTE DE L'EMPIRE ET DUC DE GAETE.

Dans le Supplément de ses Mémoires, page 166, le duc de Gaëte raconte ainsi sa promotion à la dignité de duc : « Un jour l'empereur me dit : « Je vais vous confier une chose sur laquelle je vous demande le plus profond secret. Mon intention est de créer des duchés que je doterai richement avec les propriétés que la victoire nous a données dans l'étranger ; mais je veux que mes ducs soient mariés. Je n'en ai pas moins pensé à vous, persuadé que vous ne me refuseriez pas de prendre une femme d'ici à deux ans au plus tard. Je me chargerai, si vous voulez, d'arranger cette affaire. »

Gaudin refusa néanmoins. Son âme ne connut jamais ni l'ingratitude ni l'inconstance. Il avait à cette époque des relations qu'il n'aurait pas sacrifiées pour les plus brillantes distinctions, et il prouva bien son désintéressement par le refus formel de songer à se marier. L'empereur connaissait les hommes, et il ne leur savait pas mauvais gré de leur désobéissance quand elle avait un principe lonorable. Peu de temps après la conversation dont il s'agit, *le Moniteur* de l'empire publia la liste des promotions. Gaudin était nommé *duc de Gaëte.* Il avait été auparavant créé comte de l'empire.

Ce duché ne coûtait rien à la France. Il était situé dans cette illustre Italie qui avait été le théâtre des plus grands triomphes militaires. C'était une sorte de monument que Napoléon avait voulu jeter sur cette terre classique de la gloire militaire, en récompense et en mémoire de ce qu'il devait aussi à la bonne administration de ses finances. Jamais le duc de Gaëte ne visita son duché où il ne fut connu que par ses bienfaits.

Gaudin avait accepté le titre et le rang de duc de Gaëte, non pour s'attribuer les honneurs et les privilèges de l'ancienne aristocratie, non pour faire tige féodale, mais pour s'associer autant qu'il était en lui à l'immense gloire qui entourait le nom français. L'auréole nationale rayonnait en Europe comme la lumière du jour; c'était mieux qu'un incendie, c'était un puissant foyer de génie et de civilisation. Ainsi que l'a écrit le duc de Gaëte lui-même, « Napoléon était trop au-dessus de tous les préjugés pour s'être persuadé qu'il fût en son pouvoir, lors même qu'il le voudrait, de rétablir ce qu'on appelle une noblesse dans un pays où le privilége avait disparu pour toujours dans la nuit du 4 août 1789. Mais il voulait renouer la chaîne des temps et associer entre eux les noms historiques. » Sans doute on doit croire à cet éclectisme dans la pensée de Napoléon, mais cependant il faut reconnaître que toutes les noblesses ont commencé de la même manière et ont eu pour première cause de grands services rendus. S'il n'y avait pas eu quelque chose de véritablement légitime dans l'origine de la noblesse, l'humanité n'aurait pas souffert et ne souffrirait pas une inégalité sans motif ni excuse. Mais si l'on consent à ce qu'un grand citoyen s'élève au-dessus de ses semblables, ce qui est légitime, on doit s'opposer à ce qu'il fasse accéder ses descendants à des priviléges resultant d'une grandeur et d'une illustration qui lui sont personnelles. C'est là que se rencontrent les plus grandes difficultés du problème des récompenses nationales. Elles se trouvent non-seulement dans le cœur de ces grands hommes qui sont pères et qui veulent perpétuer leur gloire comme leur nom, mais encore dans la reconnaissance des peuples qui respectent de leur plein gré les héritiers des citoyens illustres. C'est une sorte de dette injuste, mais qui n'en est pas moins sacrée aux yeux du vulgaire ; et c'est ce qui fait que créer une noblesse, n'importe avec quelles intentions, c'est toujours, pour un temps plus ou moins éloigné, créer un système permanent d'injustice, de vexations, d'inégalité, de vanité et de barbarie.

Napoléon avait aussi un autre but, celui de gouverner l'Europe qu'il avait domptée. Il entendait imposer ses généraux et ses ministres aux peuples qu'il avait vaincus. Il lui fallait donc des ducs et des dignitaires, comme il lui fallait des chefs de cohortes. L'Europe féodale devait plus facilement subir de nouvelles armoiries qu'un niveau sublime mais incompris. C'était peut-être une transaction, et presque une nécessité en vue de la domination française en Europe. Il en a été décidé autrement au sujet de ces grands projets. La fortune des combats a trahi les plus courageux et a passé au plus grand nombre; les blasons que le glaive avait tracés ont été brisés par le glaive, et la France seulement s'est trouvée illustrée de quelques titres nouveaux qui se confondent avec de glorieux souvenirs, et qui n'auront sans doute pas d'autres conséquences.

Napoléon, ce créateur de rois, princes et ducs, n'en était pas moins, dans ses relations ordinaires, l'homme le plus bienveillant et l'ami le plus affectueux. Les aventureuses occupations qui agitaient sa pensée n'empêchaient pas son cœur de s'ouvrir aux affections les plus douces. Le duc de Gaëte ne s'était pas enrichi, quoiqu'il eût restauré les finances du pays et qu'il eût entre les mains les trésors que la conquête avait recueillis. On lui avait proposé une acquisition qui lui convenait sous tous les rapports, mais qui excédait ses ressources d'environ cent mille francs. Il aurait pu faire quelque opération financière sans péril ou se permettre une minime transposition et report sur les fonds publics pour se procurer cette somme et la rétablir quelques mois après. Mais le duc de Gaëte était toujours le vertueux Gaudin qui avait rendu compte à la Convention de tous les deniers de la trésorerie nationale, c'était toujours l'intègre Gaudin qui sous le Consulat n'avait pas voulu autoriser de son nom la plus innocente illusion. Il écrivit à Napoléon à Varsovie pour lui demander l'agrément de disposer d'une somme provenant des revenus privés, et dont l'emploi avait été ajourné d'une année. Napoléon lui répondit sans aucun retard la lettre suivante :

LETTRE DE NAPOLÉON AU MINISTRE DES FINANCES.

« Je reçois votre lettre du 18. J'approuve fort ce que vous avez fait relativement à vos affaires. Je dois tant à votre bonne administration, qu'il est tout simple que je vienne à votre secours dans cette circonstance. J'ordonne donc par le billet ci joint à Bérenger de vous remettre trois cent mille francs sur les fonds qui appartiennent à la grande-armée. Je régulariserai cela sur la liste civile. Voyez-y une preuve de ma satisfaction de vos services.

« NAPOLÉON.

« A Varsovie, le 29 janvier 1807. »

L'histoire peut ouvrir ses immenses volumes, et l'on y trouvera rarement de semblables empereurs et de semblables ministres. Napoléon et Gaudin étaient de la même race, de cette race française qui avait été appelée à conquérir et administrer l'Europe, de cette race où les talents et le caractère sont accompagnés des vertus et de la bonté de cœur, ce qui rend les hommes dignes de gouverner leurs semblables.

Le duc de Gaëte fut, jusqu'aux mauvais jours de 1814, l'un des ministres les plus dévoués de l'empereur. Il avait organisé les finances de la Ligurie en 1805. En 1811 il les avait organisées dans leur admirable simplicité en Hollande. Il avait été aussi nommé grand-aigle de la Légion-d'Honneur, et il avait été partout comblé de louanges et de décorations. Mais son ambition ne se portait pas vers ces honneurs, qui sont la préoccupation de la plupart des hommes d'état; il ne songeait qu'à l'*honneur* et à la gloire de la France et à l'*honneur* et à la gloire de l'empereur, qu'il confondait dans son esprit et dans ses vives affections.

CHAPITRE VIII.

RETRAITE DU DUC DE GAETE EN 1814.

Le duc de Gaëte n'alla pas, comme tant d'autres fonctionnaires de l'empire, offrir ses services et son dévouement au prince que les désastres de la France avaient ramené, il resta fidèle à la reconnaissance. Il se souvint qu'il avait été ministre du plus grand royaume qui ait jamais surgi en Europe. Et cependant il faut reconnaître que tout ne lui était pas également odieux dans ce qui avait été donné à la France au retour des Bourbons. Ainsi il appréciait avec une loyale sincérité les bienfaits de la Charte de 1814. Pour une âme droite, pour un cœur pur, pour un financier désintéressé, pour un homme politique qui croit à la foi jurée, la Charte de 1814 était un gage de sécurité publique. Parmi ceux qui s'occupent des finances et qui apportent dans cette étude et dans cette pratique de la science administive une bonne foi à toute épreuve, l'arbitraire, quelque bien intentionné qu'il soit, le despotisme, quelque glorieux qu'il puisse être, sont une difficulté et un obstacle insurmontables pour la régularité des comptes. Une Charte qui appelle l'opinion de tous à discuter les bases du budget et à les sanctionner est un progrès considérable. D'autre part, la déclaration des droits et la distribution des garanties, qui deviennent les corollaires obligés de l'impôt et des charges publiques, constituent une sorte de compte ouvert entre l'État et les citoyens, où les charges du gouvernement se balancent avec ses avantages, et où les justes exigences des habitants se soldent avec les impôts qu'ils paient. Il y a dans cette situation un ensemble et une régularité capables de plaire à beaucoup d'esprits sérieux et calculateurs, et surtout à des personnages qui ont cherché toute leur vie à résoudre le grand problème de la régularité et du bien-être pour un grand État.

Si la Charte de 1814 eût été fidèlement observée, si dès les premiers jours il n'était pas devenu évident que cet acte n'était qu'un jouet et qu'un leurre, s'il n'eût pas été prouvé, même aux yeux des plus confiants, que ce n'était qu'un intermède et pour laisser à la monarchie d'une part et aux classes privilégiées d'autre part le temps de prendre une éclatante revanche sur la révolution française, le gouvernement de Louis XVIII se serait facilement assis et consolidé. Mais les postes civils et militaires étaient occupés par des réactionnaires; les projets de contre-révolution grondaient de tous côtés, et les droits de l'armée, comme ceux des citoyens, étaient gravement compromis lorsqu'une nouvelle et vive secousse vint de nouveau prouver l'absurdité de quelques prétentions surannées et la faiblesse de chacun.

On n'avait pas épargné les ministres de l'empire dans l'exposé des motifs du premier budget de la restauration ; le ministre des finances de cette époque avait déclaré que tout avait été irrégulier et mensonger dans les situations précédemment présentées aux Chambres législatives. Le duc de Gaëte, ayant été ministre des finances jusqu'au dernier moment, avait cru dans cette accusation injuste voir une imputation personnelle. Il répondit par un écrit plein de modération et de fermeté, intitulé : *Observations et Éclaircissements sur l'exposé fait aux Chambres concernant les finances.* Cet écrit ne resta pas sans réponse, il est vrai; mais il fut évident pour tout homme de bonne foi que les finances françaises avaient été administrées avec une rare loyauté, et que si les portes du trésor public n'avaient pas été percées à jour sous un gouvernement militaire comme elles peuvent l'être sous une administration purement civile et pacifique, néanmoins, jamais à aucune époque le dépôt de la fortune publique n'avait été gardé plus religieusement.

Le duc de Gaëte, du reste, était entièrement déterminé à ne plus prendre aucune part aux affaires publiques. Il avait, dans son opinion, rendu assez de services à son pays, et il avait assez consacré de veilles à l'administration, pour qu'il eût acquis le droit d'aimer les loisirs et la solitude.

CHAPITRE IX.

DÉVOUEMENT DU DUC DE GAETE A L'EMPEREUR.

A peine arrivé aux Tuileries, le 20 mars 1815, l'empereur, qui ne perdait jamais de vue les grands intérêts du pays, fit appeler le duc de Gaëte, et lui ordonna de reprendre le ministère des finances. Le duc de Gaete aurait peut-être désiré refuser; mais la certitude qu'il avait que tout était précaire dans la situation fit qu'il accepta. Il a depuis raconté souvent que jamais son dévouement à l'empereur n'avait été mis à une plus rude épreuve. Il ne se faisait aucune illusion; il savait que la France était épuisée d'hommes et d'argent, et que le génie de la guerre avait été lui-même lassé. Il n'ignorait pas aussi que les puissances étrangères ne voulaient, à aucun prix, négocier avec Napoléon qui avait froissé leur orgueil; et le duc de Gaëte, au milieu de ses prévisions déchirantes, ne voyait dans la situation que le péril de l'empereur et la ruine de la France. En 1814, le duc de Gaëte n'avait jamais perdu toute espérance, lorsque, dans la nuit du 29 au 30 mars, l'impératrice régente avait fait convoquer les grands dignitaires de l'empire, les ministres, les présidents des sections du conseil d'état, les officiers du sénat, il avait été de l'avis, avec le comte Boulay de la Meurthe et le comte Daru qui avaient soutenu vivement cette opinion, que *quitter Paris, c'était tout perdre.* Et lorsque la majorité s'étant réunie sur cette opinion, on montra une lettre particulière de l'empereur qui ordonnait l'évacuation de Paris de la part de l'impératrice, de son fils et de ses ministres, il s'était soumis avec résignation, mais en manifestant les plus vifs regrets.

Mais encore, même en s'éloignant de la capitale, il croyait au génie de l'empereur et à ses puissantes ressources, et il ne pouvait concevoir une trahison. Cette page de l'histoire de France sera longtemps encore le texte de mille controverses; mais le bon sens populaire a jugé qu'il y avait trahison toutes les fois qu'on ne se défendait pas quand on le pouvait faire et quand on le devait. Dans sa conversation, le duc de Gaëte le jugeait ainsi; et lui si bon, si modeste, si facile à croire le bien et à nier le mal, il ne doutait pas que l'empereur et la France n'eussent été trahis. Jamais, pour sa part, il ne pardonna à ceux qu'il croyait avoir pris part à cet acte. Si le duc de Gaëte avait confiance en Napoléon en 1814, sa confiance était ébranlée en 1815, mais non son dévouement et son affectueuse admiration. Napoléon cette fois était un grand homme malheureux qui luttait contre la destinée. Il venait accomplir le dernier acte de cette sublime épopée qu'il lui avait été donné d'entreprendre. L'empereur n'avait jamais été plus grand, jamais ses yeux n'avaient lancé de plus vifs éclairs, jamais sa pensée n'avait embrassé plus d'horizon ; mais, nouvel Ajax, il devait périr, et, chose admirable, sans que sa gloire et sa renommée ne pussent être atteintes.

Le duc de Gaëte, pendant sa courte administration du ministère des finances, pendant les cent-jours, fut ce qu'il avait toujours été, un ministre prudent, laborieux, dévoué. On lui reprocha plus tard une opération à laquelle il avait été étranger. Nous en dirons un mot au chapitre suivant; mais sa considération n'en fut jamais altérée ni amoindrie.

Le duc de Gaëte a raconté lui-même les derniers moments de l'incident impérial de 1815 : nous devons rapporter sa simple et touchante narration :

« A la fin de ce court période de 1815, j'eus la douleur d'être présent à la seconde abdication de Napoléon. Il la dicta au milieu de son conseil, avec le même sang-froid que nous l'avions entendu cent fois dicter ses ordres lorsqu'il était tout-puissant. Seulement il mettait plus d'attention à soigner les phrases et à en choisir les expressions. Il s'en fit donner plusieurs lectures dont chacune amena quelques corrections, et quand il en fut satisfait, il chargea l'un des ministres d'état de la porter à la Chambre des représentants. Il se retira ensuite dans son intérieur. Nous le revîmes le soir, le comte Mollien et moi, nous le trouvâmes aussi calme que nous l'avions vu le matin. Ses derniers adieux furent affectueux et touchants. »

CHAPITRE X.

TRAVAUX PARLEMENTAIRES DU DUC DE GAETE.

Napoléon avait nommé le duc de Gaëte l'un des pairs de l'empire pendant les cent-jours, et il lui avait témoigné jusqu'au dernier moment la confiance la plus entière et la plus affectueuse. Le duc de Gaëte ne s'était jamais fait illusion, et quand les malheurs du pays vinrent confirmer ses prévisions, il se retira dans ses modestes foyers, et alla y attendre les persécutions qu'il prévoyait devoir atteindre les ministres et les fonctionnaires des cent-jours. Cependant il s'était promis de ne jamais désavouer la grande mémoire de l'empereur même et de la glorifier autant qu'il était en lui. Les électeurs du département de l'Aisne lui rendirent alors un grand service en même temps qu'ils révélèrent un courage et un désintéressement admirables. Le duc de Gaëte, ex-ministre de l'empereur vaincu, ex-pair des cent-jours, proscrit désigné, confesseur persévérant de la gloire impériale, fut nommé député par le département de l'Aisne, encore bien que ce département fût tout meurtri des suites de la guerre et sillonné dans tous les sens par les armées étrangères. Il faut rendre cette justice à ce noble département de l'Aisne, c'est qu'il a toujours dédaigné de plaire par son servilisme, c'est qu'il a toujours accueilli les victimes illustres des partis, c'est qu'il a sans cesse protesté pour les franchises et les libertés de la France. Il fut élu député en août 1815, et fit donc partie de cette Chambre *introuvable* où se trouvaient en immense majorité les ennemis de la révolution et de l'empire. Et tel fut l'ascendant que lui donnèrent son expérience douce et polie, sa probité incontestée et calme, ses lumières et ses vertus, que, le 10 novembre suivant, il fut désigné par la Chambre pour être l'un de ses commissaires, à l'effet de réorganiser la Cour des comptes. Cette Chambre ayant été dissoute en 1816 par Louis XVIII, qui était fort embarrassé de l'excès de royalisme de ses députés, le duc de Gaëte fut réélu par le même collége électoral. Dans la courte session de 1815, le duc de Gaëte avait eu à s'occuper du budget de l'État, et il l'avait fait avec franchise, quoique avec la modération qui lui était habituelle. Il avait été aussi personnellement attaqué, ainsi que M. Mollien, au sujet d'une somme de trois millions six cent mille francs que Napoléon avait, de sa propre volonté, prélevé sur la caisse d'amortissement, et dont on voulait les rendre responsables. A cet égard, le duc de Gaëte établit d'une manière exacte les limites de sa compétence, et, sans vouloir s'abriter derrière la volonté énergique de l'empereur qu'il ne voulut pas attaquer, même en se défendant, il démontra qu'il ne pouvait jamais être responsable à aucun titre d'une somme dont le dépôt ne lui avait pas été confié, et dont l'origine et l'emploi n'avaient jamais été dans ses attributions. Cette réclamation, qui n'avait d'ailleurs d'autre but que d'attaquer l'empereur à travers ses ministres des finances et du trésor public, fut définitivement terminée par une ordonnance du roi, qui reconnut que l'emploi de la somme de trois millions et demi dont on parlait avait été étranger aux anciens ministres qui ne pouvaient en être responsables. Dans la session de 1816, le duc de Gaëte exerça naturellement sur la Chambre, et eu égard aux finances, l'influence que lui donnaient son caractère et sa probité.

Dans la session de 1817 ce fut lui qui fut chargé de faire le rapport concernant les quarante millions de rentes affectés au paiement qui devait désintéresser les étrangers. C'était le rachat de la France; à ce prix nos ennemis devaient purger le territoire. Le rapport du duc de Gaëte fut triste et court. Il fut écouté dans un profond silence. C'était un Français qui parlait des malheurs de son pays devant d'autres Français. Pas un mot qui fût une injure ou un éloge; le sentiment de la douleur commune était le seul qui animait l'assemblée. Après ce rapport, aucun membre n'ayant demandé la parole, le président soumit la proposition de la commission au vote de la Chambre, qui se leva en masse comme par une seule et même impulsion et se rassit dans le plus profond silence. Dans la session de 1818, on s'occupa d'une manière plus efficace de liquider l'état financier du pays et d'en apprécier plus exactement les charges et les ressources. Le duc de Gaëte prit une part très active à la discussion de la loi sur les comptes de 1815, 1816 et 1817, au règlement de la comptabilité générale, à l'organisation du trésor public, au maintien de l'année financière que l'on voulait bouleverser pour les besoins d'un exercice, au nouveau répartement de la contribution foncière, en un mot à l'examen de toutes les questions qui intéressaient l'avenir financier du pays.

Mais déjà le duc de Gaëte pouvait difficilement monter à la tribune; sa voix était trop faible pour être bien entendue; il était obligé de faire lire ses opinions, et l'on pouvait présumer qu'il était désireux de goûter les charmes du repos. Les électeurs de l'Aisne le pensèrent ainsi, et les uns parce qu'ils supposaient que le duc de Gaëte ne se souciait pas d'une nouvelle réélection, les autres parce qu'ils lui reprochaient d'être d'un caractère trop modéré et de n'être pas assez ardent dans les tactiques de l'opposition parlementaire, lui donnèrent un successeur plus jeune et qui s'annonçait pour être plus impétueux. C'était M. Méchin, dont il est inutile ici de discuter les titres. En 1820, M. Roy, ministre des finances, voulut régulariser l'administration de la Banque de France. Le gouvernement provisoire, qui avait rempli la lacune entre l'abdication de Napoléon et le retour de Louis XVIII, avait chargé l'un des banquiers de Paris, qui était en même temps l'un des régents de la Banque, de diriger cet établissement. C'était M. J. Laffitte, et il faut lui rendre cette justice qu'il avait rempli sa tâche avez zèle et loyauté. Mais cet état n'était point définitif. Il fallait seulement, pour venir après un homme comme M. J. Laffitte, un autre homme qui jouît d'une immense considération et d'une juste popularité, et c'est pourquoi le comte Roy offrit au duc de Gaëte le gouvernement de la Banque. Il refusa d'abord, par délicatesse; mais les instances furent si pressantes, si honorables et si désintéressées, qu'il crut devoir accepter.

C'est pendant qu'il était gouverneur de la Banque que le duc de Gaëte songea à réaliser le plus doux de ses vœux. Il fit alors ce qu'il avait refusé de faire plus tôt. La gloire impériale à son apogée, la perspective des plus brillantes dignités et de la plus haute faveur, n'auraient pas obtenu de lui le sacrifice de sa liberté privée. Noble et désintéressé jusqu'au bout, ce fut librement, de son plein gré, que le duc de Gaëte songea à se marier et à s'associer une femme en qui il avait concentré les plus douces affections de son âme. Les hommes de ce caractère sont trop rares, cette noblesse de sentiments est trop peu commune pour qu'on ne signale pas de pareils traits qui nous réconcilient parfois avec les hommes de notre siècle. Dans tous les actes de sa vie privée, affectueux et sincère pour ceux qu'il avait adoptés, désintéressé et indépendant dans le choix de ses amis, jaloux de ses sympathies intimes, il n'aurait fléchi le genou devant aucune puissance. Il maria la fille de sa femme au fils de l'un des plus énergiques députés de l'opposition. Il ne voulut en cela ni heurter les répugnances de la branche aînée des Bourbons, ni complaire à d'autres exigences. Son consentement fut celui d'un bon père de famille qui, au milieu des siens, n'est dominé que par le désir de faire le bonheur de ceux qui l'approchent et l'entourent.

Le duc de Gaëte cessa d'être gouverneur de la Banque de France en avril 1834. Il apprit par *le Moniteur* qu'il avait été remplacé. On avait disposé de sa place en faveur d'un ministre sortant, et on ne l'en avait même pas prévenu. Pour excuser un si étrange procédé à l'égard d'un aussi illustre vieillard, on prétendit qu'il n'avait pas recherché les faveurs de la branche cadette des Bourbons, et qu'il avait paru dédaigner l'offre de la pairie. L'auteur de cet écrit, qui était député alors, prit la parole dans la discussion générale des fonds secrets demandés par le nouveau ministère, au moment même de cette étrange immolation, et après avoir signalé le fait, il s'écria : « Si de pareils faits passaient inaperçus, il faudrait désespérer de la reconnaissance du pays et de la pudeur publique. »

Ce sentiment était celui de tous les gens de bien et de cœur.

CHAPITRE XI.

ÉCRITS DU DUC DE GAËTE.

En sortant du gouvernement de la Banque, le duc de Gaëte ne cessa point pour cela de penser aux intérêts du pays et de méditer sur l'état de ses finances. Déjà il avait écrit sur l'amortissement, sur les emprunts, sur le crédit public, et sur le remboursement des rentes. Ses derniers efforts comme écrivain furent dirigés pour préserver les titulaires de la rente cinq pour cent d'une mesure spoliatrice. Il ne repoussait pas, *à priori*, le principe du remboursement de la rente ; mais il voulait l'assujettir à des conditions égales et équitables pour tous. C'était le sort qui, suivant lui, devait successivement appeler les créanciers de l'État à recevoir leur capital et leur offrir instantanément un emploi avantageux et solide. Ce qu'il avait vu avec le plus de chagrin et ce qu'il avait combattu avec toute l'énergie de sa conviction, c'était le déplacement des forces de l'amortissement de la rente. Il pensait que l'amortissement, ayant été créé pour agir exclusivement sur les fonds publics, ne pouvait être dévié vers aucune autre dépense, quelle qu'elle fût. C'était le sujet de ses plaintes journalières en matière de finances, et ce qu'il ne pouvait jamais approuver ni excuser même en faveur des travaux publics à qui la nouvelle législation attribuait la plus notable partie des fonds de l'amortissement. Nous discuterons dans la seconde partie ces propositions, qui sont susceptibles, sans aucun doute, d'examen et de contradiction; mais il est beau de voir un homme vieilli dans la pratique des affaires, mettre de côté les sentiments que pouvait lui inspirer l'ingratitude du gouvernement, et consacrer ce qui lui reste de force à méditer sur ce qui fut l'étude et la gloire de sa vie. Il est beau de le voir ne pas dédaigner de nouveaux combats et de nouveaux adversaires, et rentrer dans la lutte comme un simple athlète pour défendre ce qu'il avait établi, protéger ce qu'il avait conservé, et garantir, autant qu'il était en lui, les intérêts qui pourtant l'avaient vu tomber sans élever la voix et sans regretter hautement son autorité et son expérience.

Ce fut durant cette lutte, à l'occasion du remboursement de la rente cinq pour cent, que le duc de Gaëte fit imprimer et distribuer le plus grand nombre de ses écrits; mais son ouvrage le plus considérable fut celui dont il fit imprimer la première édition en 1818, qu'il intitula *Notice historique sur les finances de France de l'an VIII* (1800) *au* 1er *avril* 1814, et qu'il décora de l'épigraphe si légitime et si juste : *Suum cuique*, épigraphe que j'ai moi-même adopté pour cet Essai pour la rappeler et en justifier l'application. Dans cette Notice historique sur les finances, le duc de Gaëte rend compte, avec une modestie rare et une admirable lucidité, de l'état des finances au moment du Consulat; de ce qu'il fit pour enrichir le Trésor sans surcharger les contribuables, des mesures qu'il prit pour assurer les rentrées et maintenir l'ordre et la régularité dans tous les services; il expose la situation des finances sous l'empire, et il arrive à cette lamentable époque de 1814 sans amertume comme sans flatterie, sans exagération d'aucune sorte, et comme un historien impartial et éclairé, n'ayant épousé aucune des passions de l'époque, n'ayant jamais trahi et n'ayant jamais encensé le pouvoir. Il lui eût été peut-être permis d'appeler quelquefois sur lui les regards; il aurait pu dire : *Et quorum pars magna fui*. Mais ce n'était ni le but de son ouvrage ni la préoccupation de son esprit. Si l'épigraphe de son ouvrage a quelque chose de personnel, c'est parce qu'il croit être obligé de se défendre contre les nouveaux venus qui avaient prétendu, que tout était en désordre jusqu'à leur arrivée; mais ses pensées, son style, sont toujours tournés vers la plus grande exactitude historique, sans acception de personnes et sans qu'il soit jamais question des faits mémorables du ministre.

Cette Notice eut un grand succès, et elle ne fut critiquée par personne. Ce qu'elle énonçait passa dès lors pour une chose jugée, une vérité hors de discussion, un fait souverainement apprécié. Une seconde édition de cet ouvrage parut à la suite des *Mémoires du duc de Gaëte* et forma, avec quelques-uns de ses écrits financiers, le second volume de ses Mémoires. La collection des Mémoires concernant la révolution française s'enrichit des deux volumes du duc de Gaëte, dont le premier était consacré à quelques-unes des particularités de sa vie que nous avons cherché à retracer nous-mêmes, et le second à ses ouvrages.

Quelques années après, le duc de Gaëte fit paraître un troisième volume qu'il intitula *Supplément* à ses Mémoires, et dans lequel il publia quelques anecdotes intéressantes, quelques-uns de ses entretiens avec Napoléon, des lettres de ce grand homme, des traits particuliers qui prouvent de quelle noble nature était le cœur de cet illustre prince, et enfin des Mémoires concernant le travail que le duc de Gaëte appréciait le plus, auquel il était fier d'avoir donné naissance et prêté le secours personnel de ses lumières et de son autorité, le cadastre général de la France.

CHAPITRE XII.

APPRÉCIATION SUPRÊME DU CARACTÈRE PRIVÉ DU DUC DE GAETE.

Le 5 novembre 1841 le duc de Gaëte s'éteignit à l'âge de quatre-vingt-six ans. Il avait été malade peu de temps et alité à peine quelques jours. Jusqu'aux derniers moments de sa vie il conserva sa présence d'esprit, et il aima ses amis. Dans son testament, il n'oublia point les personnes qui l'avaient entouré, et il légua toute sa fortune à celle qui avait depuis longtemps concentré sur elle toutes les puissances de ce cœur sensible et dévoué. Jusqu'à ses derniers moments il fut dans sa maison et parmi les siens ce qu'il avait toujours été dans les plus périlleuses positions comme dans les plus hautes situations de sa vie, affectueux et bon avec fermeté, modeste avec dignité, et propre avec des soins merveilleux. Ceux qui l'ont connu et ceux qui ne l'ont aperçu qu'à de rares intervalles, n'auraient remarqué aucune différence dans ses habitudes extérieures de même que dans son âme. L'âge n'avait rien enlevé à sa sensibilité, à sa politesse et à sa propreté recherchée. Il était petit de taille, mais bien proportionné. Il portait ses cheveux frisés et poudrés comme on les portait jadis, et quand on pensait à tous les ouragans politiques qui avaient passé sur cette noble tête sans l'émouvoir, on se prenait de respect pour cette immobile sérénité de l'extérieur, qui était l'image fidèle du calme de la conscience.

Le duc de Gaëte fut non-seulement un homme utile à son pays, mais un homme illustre. Il ne fit pas, il est vrai, recommander son nom aux trompettes de la Renommée ; mais il s'assura le respect et l'estime des hommes sérieux. Il ne désespéra pas des finances du pays alors qu'elles étaient dans l'état le plus désastreux ; il organisa le système nouveau qui nous régit ; il mit l'ordre dans le chaos ; il concourut par sa régularité aux triomphes de nos armées ; il suivit et assura la marche de l'empereur ; lors de nos revers, il défendit le dépôt qui lui était confié il le protégea encore lorsqu'il fut confié à d'autres mains, et jusqu'au terme de sa vie il s'occupa de la fortune publique sans songer à la sienne.

Le duc de Gaëte n'a laissé qu'une fortune très médiocre. Lorsqu'il était ministre des finances de l'empereur et roi, il avait eu besoin du secours de la cassette privée pour acheter une ferme en Picardie, et il n'a jamais possédé que cet immeuble jusqu'après sa sortie de la Banque de France. A cette époque, il disposa de ses économies qui avaient été employées en actions de la Banque pour acheter un autre immeuble à Paris. Tel est le patrimoine qu'il a laissé.

Combien y a-t-il de receveurs généraux qui lui doivent la plus brillante fortune? combien de banquiers dont il a garanti le patrimoine? combien d'existences financières qui se sont formées, arrondies, développées autour de lui?

Ce n'est pas assurément qu'il eut dissipé les fruits de son travail et qu'il eut le goût des dépenses et du luxe; c'était un homme de bien qui vivait honorablement, mais sans faste.

Lorsqu'il était jeune, il aimait ce qui, chez la plupart des hommes, est une cause de ruines et de désastres; mais il l'aimait sans exagération. Il avait traversé plusieurs époques où il semblait qu'en signe de réconciliation le ciel avait permis que des femmes, merveilleuses de beauté et de grâce, vinssent adoucir les penchants et les mœurs des hommes. Il vénéra comme les autres ces gracieux missionnaires de charité; mais cette admiration était celle d'un homme pur, qui croit à la divinité de la mission, et qui ne cherche pas à soulever les voiles qui s'offrent aux regards. Ce respect pour les femmes ne l'avait jamais abandonné, et il était devenu chez lui un sentiment d'exquise urbanité. Il lui était difficile de comprendre les émotions brutales et féroces du style contemporain et les folles manières qu'on affecte de notre temps. Quand on racontait à cet illustre vieillard que les divinités de notre époque brûlaient ou laissaient brûler en leur présence de vils et sauvages parfums au lieu d'encens et d'ambroisie, il nous prenait pour des mécréants et des iconoclastes.

Et sauf ces rares querelles contre le mauvais goût et les mauvais penchants du jour, rien ne troublait l'égalité de son humeur. C'est au milieu de cette douce tranquillité qu'il a terminé sa vie. C'est de lui qu'on a pu dire :

> Approche-t-il du but, quitte-t-il ce séjour,
> Rien ne trouble sa fin, c'est le soir d'un beau jour.

Parmi les hommes de l'époque, le duc de Gaëte ne passera pas peut-être pour avoir été l'un des plus grands d'entre eux ; mais l'un des plus utiles et des meilleurs.

Parmi les fonctionnaires de l'empire, il passera pour avoir été l'un des plus dévoués et des plus fidèles.

Parmi les financiers, il sera considéré comme ayant été le plus intelligent et le plus courageux, et celui qui a le plus ménagé les intérêts des contribuables.

Parmi les hommes d'état, il sera classé parmi les plus probes et les plus désintéressés.

Et parmi les citoyens français enfin, il sera mis au rang des partisans les plus zélés et les plus persévérants de l'honneur du pays et de la nationalité française.

DEUXIÈME PARTIE.

CHAPITRE PREMIER.

DES FINANCES DE LA FRANCE AU MOMENT OÙ GAUDIN OCCUPA LES PREMIERS EMPLOIS.

Les finances de l'ancien régime découlaient de deux sources également productives, l'impôt personnel et direct et les impôts de consommation. Mais ces deux sources abondantes, gênées à leur origine par la contrariété des coutumes et des usages, entravées par des prétentions incessantes, appauvries par de nombreuses exemptions, n'arrivaient au trésor public qu'à travers plusieurs filières ruineuses et ne lui versaient qu'un misérable tribut. Qu'on se rappelle que toutes les impositions étaient affermées et sous-affermées; que de la poche du contribuable à la caisse publique, l'argent était manié, pesé, torturé et amoindri de mille manières, et qu'on cesse de s'étonner de la pénurie des revenus publics d'autrefois. Les puissants et les heureux de l'époque avaient d'ailleurs pour la plupart un intérêt dans les fermes générales. Les uns avaient des pensions sur une branche de l'impôt, les autres recevaient sur une autre perception une gratification temporaire ou une allocation annuelle. C'était un pillage organisé dans la distribution des deniers publics, et une anarchie complète dans l'emploi de la fortune publique, quoiqu'il faille reconnaître que le mode de perception avait été légalement établi et qu'il était dirigé et opéré selon les formes légales. Les abus sont inséparables de toutes les institutions, et quand les institutions ont vieilli, les abus, qui ont une existence contemporaine, ont pris un développement sans mesure, et c'est ce qui était arrivé en matière de finances, malgré les règlements les plus sages et en dépit des intentions les plus pures, et notamment en dépit de Turgot, le plus vertueux des ministres.

Les contribuables français ne payaient pas tous également; les uns étaient protégés par les états de leurs provinces, les autres par leurs parlements; mais néanmoins les taillables et corvéables étaient partout dans la plus extrême misère. Les propriétés nobles et de main-morte étaient moins rigoureusement traitées; mais les laboureurs de ces terres de privilége n'en étaient pas plus heureux. Il en était de la belle et riche terre de France comme il en est d'une propriété mal gérée et administrée : le bénéfice était pour les intendants, partout ailleurs misère et pauvreté.

Pour ne citer qu'un exemple du peu de produits que les impôts versaient au Trésor, je citerai le rendement de *la gabelle.* Le système de la gabelle consistait à exiger de chaque famille qu'elle tirât des greniers de l'État, à un prix énorme, la quantité de sel à laquelle la consommation de chaque individu était évaluée. Ce prix fictif s'élevait, dans beaucoup de provinces, jusqu'à quatorze sous par livre. Aucune portion de ce sel, qu'on appelait *de devoir*, ne pouvait être employé à autre usage qu'à celui de la consommation particulière et personnelle. On ne pouvait économiser sur son sel *de devoir;* on ne pouvait non plus l'employer à conserver aucun aliment et à aucune salaison quelconque. Il y avait des peines sévères contre les contrevenants, des tribunaux spéciaux pour les juger et des armées entières de commis pour les découvrir. Eh bien! cette gabelle abhorrée, cet impôt si minutieusement protégé, si sévèrement défendu, cette inquisition injuste, abominable, produisait à peine quelques millions, déduction faite des frais énormes qu'il fallait prélever. Plus un impôt est vexatoire, moins il produit. On cherche d'abord à s'y soustraire; il faut contraindre, et pour cela il faut des exacteurs et des garnisaires, et le revenu est employé avant que d'être perçu. Sur la ferme générale des gabelles, il y avait en outre des pensions, des largesses, des aumônes à payer. Il fallait nourrir les employés invalides ou blessés. Il en était de cette détestable institution comme de ces couvents qui appauvrissent un pays tout entier et qui donnent ensuite une aumône et un peu de nourriture à tous les mendiants dont ils ont dévoré le patrimoine.

Quant au crédit, il ne pouvait exister; c'était un mot inconnu. Le crédit est la confiance publique dans la probité du gouvernement, c'est une pensée toute moderne. Quand le gouvernement est dans la main d'un seul, qui est le maître, on peut avoir foi transitoirement à la personne du maître; mais cela ne va pas plus loin. Il y avait eu pourtant quelques emprunts, mais ils avaient un but et un gage déterminés; et malgré ces garanties, les prêteurs avaient été parfois si maltraités que les capitaux n'avaient aucune tendance à se diriger vers le trésor public. Sous la régence, il y avait eu cette audacieuse folie d'un emprunt fait sur un territoire imaginaire; mais cet engouement ridicule avait une sorte d'excuse dans les richesses supposées d'un prétendu royaume récemment découvert. On avait cru au Mississipi comme d'illustres aventuriers avaient cru à l'Amérique. Les aventuriers avaient réussi dans leur sublime audace; les spéculateurs se sont ruinés dans leur stupide spéculation. D'ailleurs, après cette crise, la fièvre des hasards et la foi aux actions et au papier-monnaie avaient été complétement apaisées et détruites.

Il faut donc reconnaître que, dans les années qui ont précédé la régénération française, les finances du pays étaient dans un état désespéré.

Ce n'était pas assurément à cause du faible déficit qui existait au Trésor que les finances étaient en si déplorable état, mais parce que les impôts ne pouvant plus produire, le crédit n'existant pas, il y avait impossibilité de réparer le désordre du passé et de pourvoir aux besoins du présent.

Quand on a dit que le déficit de quelques millions, signalé à cette époque, avait été la cause déterminante de la révolution française, on s'est beaucoup exagéré l'importance de cet incident financier. Mais il est certain que le désordre des finances a convaincu tout le monde qu'il y avait quelque chose à faire. Cette conviction se rencontrant avec les idées philosophiques et politiques qui réclamaient un autre ordre de choses, il en est résulté la nécessité d'une révolution. Les notables, de même que les parlements, les gentilshommes, de même que le tiers-état et le peuple, tous les citoyens ont compris qu'il fallait en finir avec des abus devenus intolérables, et la question de l'impôt étant celle qui touche le plus vivement le peuple, qui en paie toujours la plus large part, c'a été la première et la plus populaire des questions du moment.

Quant à l'administration intérieure et mécanique des finances, elle n'était pas en elle-même susceptible de bien graves critiques en dehors toutefois du système désastreux des fermes générales.

L'administration du Trésor avait été organisée avant la révolution par une loi. C'était l'édit de mars 1788, et non un simple arrêt du conseil, qui avait réglementé cette administration. De 1788 à 1791, elle fut sous la direction spéciale d'un intendant faisant les fonctions de directeur et placé sous les ordres du contrôleur général des finances. Cet intendant était secondé par des administrateurs placés sous ses ordres et qui s'occupaient de tous les détails des recettes et des dépenses et de la comptabilité générale du royaume. Ce fut cette même administration du Trésor qui subit diverses organisations successives de 1791 à 1800, avant le ministère de Gaudin, et dont nous aurons à nous occuper, et qui en 1800 fut définitivement réorganisée conformément aux dispositions de l'édit de mars 1788. On créa, à cette époque de 1800, un directeur général du Trésor placé sous les ordres du ministre des finances, et on lui donna sous sa surveillance et dans ses attributions spéciales trois administrateurs, trois caisses publiques et quatre payeurs généraux. En 1802, ce directeur général du Trésor, qui se trouvait avoir un immense département par suite des continuelles adjonctions des conquêtes au territoire français, fut élevé au rang de ministre et fut nommé ministre du Trésor. Cette organisation dura jusqu'à la fin des cent-jours, mais alors on réduisit définitivement les deux ministères des finances et du Trésor en un seul, et les anciennes attributions de directeur général du Trésor furent recueillies et partagées par les chefs du service central.

Quoi qu'il en soit, il est bien établi que s'il y avait désordre, déficit, anarchie et chaos dans les finances de l'ancien régime, ce n'était pas le résultat d'une mauvaise organisation matérielle du Trésor et de la comptabilité, mais que c'était uniquement le résultat de la mauvaise assiette des impôts et des déplorables modes de leur perception.

En sa qualité de commis des finances, Gaudin ne pouvait avoir aucun pouvoir pour réformer les abus; il pouvait seulement les comprendre, les apprécier et en indiquer plus tard le remède. C'est ce qu'il ne manqua pas de faire aussitôt que l'occasion se présenta à lui d'être utile à son pays. Il mit en pratique alors l'expérience qu'il avait acquise, et ce qu'il avait pensé et voulu étant jeune et étant dans les emplois peu importants de l'administration financière, il le pensa et le voulut quand il se trouva placé à la tête de cette importante administration.

CHAPITRE II.

DES FINANCES DURANT LES PREMIÈRES ASSEMBLÉES.

Lorsque l'Assemblée constituante résolut de changer la face du pays et de renouveler toutes les institutions françaises, elle obéissait au vœu du pays. Une révolution a des conséquences nécessaires qu'il faut subir. On ne se révolte pas contre un système qui est mauvais dans toutes ses parties; car un pareil système n'aurait pas besoin d'être renversé, par la raison évidente qu'il ne pourrait subsister un jour. On se révolte contre un système qui a fait son temps et dont les mauvaises parties sont devenues intolérables; et quand on parvient à le renverser il est nécessaire de ne rien épargner. Sans cela, les choses bonnes qu'on a épargnées, et qui tenaient par leurs racines aux abus qu'on a voulu détruire, préservent, par la liaison inévitable des traditions et des habitudes, le mauvais germe non extirpé, et bientôt ce mauvais germe pousse, grandit et devient plus menaçant que jamais. C'est pourquoi, aux risques de faire des fautes d'administration, et pour ne pas commettre une plus grande faute politique, il faut qu'une révolution frappe et détruise toutes les institutions du pays qu'elle entend renouveler. Je le demande, si l'administration des finances de l'ancien régime avait été quelque peu épargnée, si en détruisant les fermes générales on avait maintenu l'administration générale du Trésor, aurait-on pu déraciner les pensions et tous les abus parasites qui entouraient les finances du royaume? Ce fut donc avec grande raison que l'Assemblée constituante décréta un nouvel ordre financier et un système sans précédents.

L'Assemblée constituante créa une institution et même un mot pour la désigner. Elle appela trésorerie nationale l'administration chargée de surveiller le recouvrement et l'emploi des deniers provenant de l'impôt. La trésorerie nationale était évidemment instituée dans l'intention de ne laisser au roi constitutionnel aucune influence sur l'encaissement et la destination des deniers publics. Six commissaires furent institués pour veiller à la garde du Trésor national, et l'Assemblée voulut que trois de ses membres par elle élus fussent chargés de surveiller cette comptabilité. Le roi Louis XVI eut le droit de nommer les six commissaires de la trésorerie sur la proposition de M. Tarbé, alors ministre des contributions publiques, et qui, en cette qualité, n'avait dans ses attributions que l'assiette des impôts. Gaudin fut l'un de ces six commissaires. L'assemblée nomma trois de ses membres pour surveiller ce qui devenait la véritable administration des finances. Le devoir des commissaires royaux et des membres de surveillance était de veiller à ce qu'aucune somme ne fût payée qu'en vertu d'un décret spécial et en conformité avec ses prévisions. Aucun paiement ne pouvait être fait que sur le visa de trois commissaires. Lorsqu'ils jugeaient qu'un projet d'ordonnance à eux présenté était irrégulier, ils devaient ne point apposer leur visa, suspendre l'acquittement et en référer au comité des finances de l'Assemblée. C'était l'objet de leur travail habituel avec ce comité. Ce qu'il y a de curieux, c'est que le même ordre fut observé après la destruction de la royauté; c'est que les démissions des commissaires de la trésorerie furent refusées, et que ceux-ci furent maintenus n'ayant toujours que l'investiture royale; c'est que la Convention et les conseils conservèrent ce système d'administration financière, et c'est qu'enfin rien n'y fut changé qu'après le 18 brumaire de l'an VIII.

Pour tout homme attentif, il est clair que le concours simultané de commissaires nommés par le pouvoir exécutif et de membres d'une assemblée souveraine devait nécessairement amener des embarras sans nombre et des conflits inextricables. C'était bon, tout au plus, comme mesure de défiance et moyen provisoire de gouvernement. Dans un temps ordinaire, les membres d'une assemblée législative ne peuvent avoir ni le temps, ni la volonté, ni la force de surveiller l'emploi des deniers publics. Il faut un ministre responsable qui agisse et réglemente à ses risques et périls.

Il faut reconnaître, néanmoins, que cette machine provisoire a fonctionné en matière de finances pendant quelques années laborieuses, et qu'on ne s'est plaint d'aucun abus. Mais quand on songe à la responsabilité capitale qui était suspendue en permanence sur toutes les têtes et pouvait être appliquée à chaque instant; quand on songe qu'on était en temps de guerre et pour ainsi dire dans un pays assiégé, et que d'ailleurs chaque fonctionnaire avait à cette époque au plus haut point le sentiment de ses devoirs, d'autant qu'il savait fort bien qu'il ne serait ni épargné ni gracié, on comprend que tout pouvait marcher par la même impulsion, sous la même influence, et avec une grande et exacte régularité.

Si le service de la trésorerie était régulier, il n'en était pas de même des services subalternes dans les départements. Les receveurs généraux et particuliers des finances ayant été supprimés, on avait nommé tout à la fois cinq cent quarante-quatre receveurs de districts. Ces receveurs étaient des hommes nouveaux dont l'éducation était entièrement à faire. Les recettes et la comptabilité de ces financiers improvisés formaient la division particulière de Gaudin, qui prenait, du reste, part avec ses cinq collègues aux délibérations générales du comité de la trésorerie.

C'est dans ces circonstances épineuses que Gaudin rédigea les deux comptes-rendus qui furent successivement présentés à la Convention nationale sur l'état des finances, et où se rend compte de la hâte avec laquelle il désirait résigner ses fonctions. Les communes, qui devaient confectionner les rôles, les négligeaient; les percepteurs et collecteurs de taxes n'offraient aucune garantie et ne méritaient aucune confiance; les nouveaux receveurs de districts étaient sans expérience et souvent sans capacité. Mais si les commissaires de la trésorerie étaient désireux de se retirer, la Convention ne voulait et ne pouvait permettre cette retraite, qui eût achevé de compromettre cette administration. La législature et la Convention n'eurent jamais le temps de s'occuper de finances, ces deux grandes assemblées avaient consacré toutes leurs forces et toutes leurs puissances sur le plus noble des sentiments politiques, sur l'amour du pays. Les finances, pour ces hommes uniquement occupés de la défense du territoire et de l'indépendance de la révolution, étaient, pour ainsi dire, des réquisitions de guerre.

La Constituante avait fixé le montant de la contribution foncière, pour l'année 1791, à deux cent quarante millions, et celui de la contribution personnelle et mobilière à soixante millions. Il devait être ajouté à la contribution foncière quatre sous et à la contribution personnelle six sous par livre pour la dépense des départements et des districts, ce qui portait la première à trois cents millions et la seconde à soixante dix-huit millions, non compris les dépenses communales et les frais de perception.

La Constituante n'avait admis et réglementé que cet impôt ; elle avait proscrit tous les droits de consommation autres que les douanes. En cela, la Constituante avait acquis une immense popularité superficielle et avait en apparence légitimé la révolution aux yeux des classes peu éclairées. Mais dans les droits de consommation, il y a des distinctions à faire, et un droit modéré sur les boissons, par exemple, ou sur les tabacs, est un moyen naturel et équitable de venir en aide au gouvernement, qui protége toutes les propriétés et toutes les industries. Les contributions indirectes sont l'un des éléments nécessaires d'un système de finances régulier; sans leur secours, la propriété et l'industrie succombent sous le poids des impôts directs, au grand détriment de la reproduction, qui est la vie.

Les recettes avaient été jugées insuffisantes dès l'origine, et la Constituante avait cru y pourvoir, au moins provisoirement, par la création des assignats. Cette ressource n'était que fictive et ne pouvait avoir qu'un temps. Le papier-monnaie n'a de valeur qu'autant que l'État qui l'a créé a du crédit,

Lorsque, dans le sein de l'assemblée, on discuta la création du papier-monnaie, Dupont de Nemours dit, au milieu des rires et des marques d'improbation, qu'il arriverait un moment où le prix d'une paire de bottes s'élèverait de vingt-quatre livres à cinquante écus. La prophétie de Dupont de Nemours fut de beaucoup dépassée ; car, en 1796, le prix d'une paire de bottes s'est élevé jusqu'à quatre mille francs en assignats, et sous le Directoire on calcula que le déficit sur les assignats s'élevait à plus de trente milliards.

Et c'est cependant avec cette misérable ressource des assignats que le gouvernement français a traversé ses plus mauvais jours. L'esprit révolutionnaire d'abord et la Terreur ensuite soutinrent le papier-monnaie, qui devint un chiffon lorsque les ressorts se détendirent et que la fièvre, ayant cessé, les esprits de la multitude se trouvèrent face à face avec la réalité.

En l'an V les assignats avaient disparu, et, chose admirable, le peuple, qui en possédait la plus grande partie, avait supporté sans se plaindre cette effroyable banqueroute. A cette époque on commença à rétablir les patentes et l'on porta un premier droit sur les tabacs. On voulut bien aussi songer à renouveler un léger impôt sur la consommation du sel ; mais cette première tentative échoua devant les souvenirs trop récents de la gabelle.

A la fin du Directoire, on était arrivé à la dernière limite du possible avec les ressources financières de la révolution, de même qu'en 1790 avec les finances de la monarchie. Le déficit permanent s'agrandissait chaque année, le crédit était ruiné, les impôts étaient mal assis et mal payés, et les propriétés nationales, qui avaient longtemps alimenté le Trésor, lui étaient en partie devenues étrangères, et celles qui restaient étaient sans valeur.

CHAPITRE III.

DES FINANCES AU 18 BRUMAIRE.

Le 20 brumaire an VIII, premier jour du ministère de Gaudin, qui avait prêté serment la veille entre les mains des consuls, il y avait dans les caisses publiques une somme de cent soixante-sept mille francs en numéraire. C'étaient les seules espèces dont pouvait disposer ce jour-là le gouvernement de la France.

Il avait été réglé, avant le 18 brumaire, que le ministre des finances présenterait tous les dix jours, ou par décade, un état de distribution qui affectait aux services des divers ministères un certain nombre de millions dont il n'existait pas, dans les derniers temps surtout, un centime au Trésor. Cette distribution n'était donc que fictive; et ce qui n'était pas moins imaginaire et encore plus funeste, c'est que les divers ministres, paraissant prendre au sérieux cette attribution de deniers, délivraient leurs ordonnances de paiement comme si le Trésor était en mesure de les acquitter. La Caisse, de son côté, ne pouvait payer qu'avec les recettes opérées dans la matinée même du jour où les paiements devaient se faire. Elle s'ouvrait à deux heures, et se fermait lorsqu'elle avait épuisé ses modiques ressources, et il en était ainsi chaque jour. Les ordonnances non acquittées ou non présentées, et c'était le plus grand nombre, étaient ensuite jetées sur la place en profusion et au plus déplorable rabais. Un agiotage effréné ramassait ces valeurs problématiques et en faisait la base d'un jeu effroyable où le gouvernement achevait de perdre toute considération et tout crédit.

Le 20 brumaire, jour où Gaudin arriva au ministère, on lui présenta, suivant l'usage, l'état de distribution des sommes attribuées aux divers services, afin qu'il l'approuvât et le fît autoriser et sanctionner par le premier consul. Cet état était celui qui avait été préparé dans les bureaux pour la décade qui commençait. Gaudin aussitôt se fit présenter l'état du Trésor, et ayant reconnu le dénûment des caisses publiques, il refusa son concours à la fiction déplorable qui se pratiquait et ajourna toute distribution jusqu'après les recettes effectuées et jusqu'à due concurrence de leur chiffre.

Cette nouvelle manière de procéder eut pour résultat immédiat d'arrêter quelques branches de service; mais le pouvoir exécutif approuva la fermeté du ministre et l'encouragea dans son énergique résolution. Bientôt le calme se rétablit, et la confiance revint d'autant plus vive que chacun avait compris que si l'on n'avait pas voulu donner de nouvelles valeurs fictives, c'est qu'on voulait que les paiements fussent réels et que les dettes de l'État fussent acquittées.

Le ministre des finances avait fait partager ses convictions au gouvernement consulaire, et il y rencontra l'appui le plus efficace. Deux commissions législatives furent formées pour régler et ordonner d'urgence toutes les mesures qui seraient jugées nécessaires afin de rétablir quelque ordre dans le recouvrement des contributions et dans l'examen et le paiement des fournitures.

Les rôles des contributions directes n'étaient dressés régulièrement nulle part; les surveillants des rôles, qui exerçaient une sorte d'inspection, ne surveillaient et n'inspectaient rien. Les contributions directes seules présentaient un arriéré de deux cents millions. Ce déficit permanent était le résultat de toutes les pertes successives et annuelles du Trésor sur cette branche de revenus, et il ne faut pas oublier que depuis la Constituante c'était la plus importante et presque l'unique ressource des finances. Au 20 brumaire de l'an VIII, il restait plus de trente-cinq mille rôles de contributions directes à confectionner pour l'an VII, et le travail n'était pas même commencé pour l'an VIII.

La pénurie des finances avait réduit le Directoire exécutif à la nécessité de recourir aux réquisitions de denrées pour assurer la subsistance des armées. On délivrait aux propriétaires de ces denrées, et qui les amenaient et fournissaient dans les dépôts et places de guerre, des bons ou récépissés qui étaient ensuite déclarés admissibles en paiement de leurs contributions. On agissait de même envers les rentiers et pensionnaires de l'État qui, au lieu de leurs dividendes et semestres, ne recevaient que des bons pour acquitter leurs contributions. La quantité de ces bons était devenue en peu de temps si prodigieuse, et il y avait si peu d'ordre et de contrôle, que, s'ils avaient tous été reconnus valables, le Trésor n'aurait pas eu un centime à encaisser pendant plusieurs années.

D'un autre côté, de même que les prodigues et les dissipateurs, le Trésor était livré aux fournisseurs et usuriers. Il y en avait pour tous les services; on en rencontrait dans tous les ministères. Ils suivaient l'armée, ils assiégeaient les finances et se rencontraient tous à la Bourse, où ils jouaient avec impudeur les produits possibles de leur intrigue, de leur crédit et de leurs dilapidations.

Un simple marché de fournitures était une occasion de fortune. Le fournisseur, admis par un chef de service, réglait avec lui les diverses dispositions de son marché avec les évaluations probables, et il présentait ensuite cette pièce légalisée au ministre des finances. Celui-ci n'avait pas de contrôle sur ses collègues et sur le vu du marché légalisé et reconnu nécessaire pour les besoins du service, il donnait une délégation proportionnée aux fournitures à faire. Cette délégation portait sur l'une des branches du revenu public, et le fournisseur devenait créancier privilégié sur les recouvrements à obtenir des contribuables. Si les ministres des finances avaient eu de l'argent comptant à fournir, sans doute ils auraient tenu à ce que la justification des fournitures faites eût précédé le paiement ; mais comme tout était dans le futur contingent, les fournitures et les délégations, il en résultait qu'on était moins difficile dans l'origine, et que plus tard l'examen et la critique devenaient, pour ainsi dire, impossibles.

Le duc de Gaëte racontait qu'à l'époque de son avénement aux finances, un prétendu fournisseur des bois de la marine militaire avait obtenu une délégation sur les coupes des bois de l'État égale au montant de son marché. Les coupes de bois de l'État devant avoir lieu dans plusieurs départements, ce fournisseur avait obtenu diverses délégations jusqu'à concurrence du prix qu'il avait indiqué et qui avait été accepté par le ministère de la marine. Pressé d'avoir de l'argent, ce spéculateur négocia toutes ces diverses délégations et ne fit pas une seule fourniture. Les acquéreurs des délégations se présentèrent ensuite au Trésor et en réclamèrent le montant et l'emploi, et ce fut alors seulement qu'il fut constaté, grâce aux nouvelles mesures de Gaudin, qu'il n'y avait pas eu une seule livraison faite aux arsenaux par le bénéficiaire du marché. Les tiers-porteurs furent donc éconduits et eurent seulement leur recours contre le fournisseur; mais il était devenu insolvable.

Et si Gaudin, soutenu d'ailleurs par le gouvernement consulaire et appuyé par les commissions législatives, n'avait pas exercé un contrôle suprême sur les délégations émanées de tous les services et sur les paiements à faire, on aurait payé ces diverses délégations qui s'élevaient à plusieurs millions, et l'on aurait ainsi dissipé une part notable du produit de plusieurs coupes des bois de l'État.

Gaudin, avec les apparences de la douceur et les formes de la politesse, avait une grande fermeté de caractère et une conscience et une volonté inébranlables. Il parvint ainsi à déjouer toutes les espérances et les intrigues des spéculateurs, et il inspira aux négociants et banquiers une confiance dont il était digne. Bientôt il obtint le prêt de sommes considérables à des taux modérés, fit face à tous les besoins publics, remplit tous ses engagements, et replaça le trésor public dans une position respectable et digne de la France.

CHAPITRE IV.

ORGANISATION DU SYSTÈME FINANCIER.

Le duc de Gaëte disait que la fortune des États se gouvernait par les mêmes principes que celle des particuliers, et que l'esprit d'ordre était par conséquent le premier besoin de l'administration des finances; que cet esprit d'ordre s'appliquait à tout; qu'il embrassait les hommes et les choses; que les convenances du service étaient la seule règle pour l'emploi des hommes, comme les principes immuables de la justice étaient les seules règles pour la décision des affaires, et que c'était ainsi enfin qu'on appelait et qu'on fixait la confiance, avec laquelle il n'y avait rien d'impossible.

Ce que le duc de Gaëte, ministre des finances de l'empereur, pensait et mettait en pratique, il l'avait déjà pensé et mis en pratique au moment même où il avait pris les rênes de la pauvre administration financière du Consulat. Pendant même une assez grande partie de l'an VIII, la pénurie des finances n'avait pas permis d'apercevoir les ressources du Trésor au-delà du service d'une décade, et, jusqu'en l'an IX, on réglait tous les dix jours les recettes et leur emploi. En l'an IX, le Trésor commença à se trouver dans une situation plus favorable, et le service put dès lors être évalué et réglé d'avance pour un temps trois fois plus considérable, c'est-à-dire pour un mois entier.

Le premier soin du ministre des finances Gaudin avait été de se rendre un compte exact des besoins urgents de chaque service et d'y faire face, soit par les produits des douanes, des forêts et des postes, soit par les expédients que lui fournissait le crédit attaché à sa personne ; et cette satisfaction étant donnée à l'urgence des besoins, il avait porté toute son attention et appliqué toute l'énergie de sa volonté, ainsi que la puissance de son expérience, à retrouver, débarrasser et raviver les sources du Trésor.

L'impôt direct est nécessairement le premier qui s'offre pour acquitter la dette du pays envers son gouvernement. Gaudin rétablit les perceptions directes. Sans abandonner l'arriéré, qui était irrécouvrable pour sa plus grande partie, et en autorisant les autorités locales à user de modération et à faire des remises notables aux contribuables en retard, il établit l'exercice annuel, fit confectionner sans délai les rôles de l'an VIII, exigea le paiement par douzième, et d'avance, sur l'année courante, et parvint, par ces mesures simples et faciles, exécutées sans rigueur ni faiblesse, à constituer des ressources assurées au Trésor public.

Il introduisit dans les perceptions une hiérarchie salutaire; il plaça les percepteurs le plus près possible des contribuables, et il tâcha de les choisir probes et honnêtes; il institua les directions de départements pour les diriger et surveiller, et des receveurs particuliers d'arrondissement pour recevoir dans leurs caisses le produit des impôts, et il compléta cette hiérarchie qui, sans être nouvelle en toutes ses parties, l'était dans son ensemble et dans son application simultanée, par l'institution des receveurs généraux.

Il était loin de la pensée du ministre des finances et du premier consul de renouveler les formes générales de l'ancien régime; l'opinion publique était d'accord avec la pensée de l'administration sur ce point. On voulait seulement intéresser le chef suprême des percepteurs dans chaque département au recouvrement des impôts, et lui donner un droit proportionnel à l'importance des sommes qu'il devait encaisser. De cette manière, le gouvernement, d'une part, devait compter sur sa vigilance, et de l'autre, le gouvernement était fondé à obtenir des conditions proportionnées aux bénéfices que le receveur général devait faire. C'est ainsi que les receveurs généraux furent assujettis en premier lieu à un cautionnement important, et en second lieu à souscrire par avance des engagements égaux au montant des contributions directes de leurs départements. Par là le Trésor était nanti de toutes ses ressources, et tous les services étaient assurés, sans que jamais aucune catastrophe particulière pût les faire manquer ni les entraver.

En même temps, la caisse d'amortissement fut sinon instituée, du moins réédifiée sur des bases solides et inattaquables. Loin de vouloir en faire un auxiliaire du Trésor public et la soumettre aux vicissitudes de la fortune publique, Gaudin, avec cette admirable bonne foi et cette sublime probité qui lui conciliaient avec raison tant de considération et d'estime, voulut que la caisse d'amortissement fût à jamais séparée du Trésor. Il exigea que cette caisse eût ses directeurs, ses caissiers, ses intérêts particuliers. Et après avoir ainsi assuré et garanti l'indépendance de cette institution, il imposa aux receveurs généraux l'obligation d'y verser leurs cautionnements. Quand aujourd'hui on considère ce mécanisme qui fonctionne sans secousse et sans embarras, on croit peut-être au premier abord qu'il en a toujours été ainsi, et que c'était la chose la plus facile à combiner ; mais avec un peu de réflexion, on est étonné au contraire de tout ce qu'il a fallu d'énergie, de persévérance pour obtenir ce résultat.

Qu'on ne perde pas de vue surtout que le ministre des finances, qui créait ces diverses institutions et qui jouissait d'une immense considération personnelle, ne voulait faire aucune illusion, ne voulait aucun monopole, aucun accaparement, qu'il semblait de lui-même vouloir organiser un système de défiance autour de son pouvoir, qu'il renonçait ainsi à la caisse d'amortissement et aux cautionnements de ses agents, et qu'il ne demandait aux fonctionnaires soumis à ses ordres que de remplir fidèlement et loyalement leurs devoirs !

Gaudin pensait avec raison que les receveurs généraux étaient à l'égard des finances du pays les hommes les plus importants et les plus nécessaires. Il ne voulait pas assurément leur sacrifier les contribuables ; mais il tenait aussi à les défendre contre des plaintes mal fondées ou contre des exigences qui, en les atteignant, auraient porté un coup funeste au crédit. Il forma à Paris un comité de receveurs généraux, à l'effet de s'entendre tant sur les situations respectives des départements entre eux que sur les besoins généraux du Trésor. Ce devait être le conseil supérieur des finances et le conseil consultatif du ministre. Cette heureuse idée a été plusieurs fois renouvelée, ayant été plusieurs fois abandonnée ; mais en supposant que cette dernière sommité de la hiérarchie financière ne soit pas complétement nécessaire, du moins comme elle ne coûtait rien au pays, elle ne pouvait être nuisible en aucun cas.

Par les soins du ministre des finances, la caisse d'amortissement, riche des cautionnements qu'elle avait reçus et de la confiance qu'elle inspira dès son origine, fonda la Banque de France.

La Banque de France, ou pour mieux dire la Banque de la capitale de la France, est encore l'une de ces heureuses pensées de Gaudin. Il s'agissait de donner un point d'appui au commerce de Paris, d'encourager les échanges et l'industrie, d'ôter un aliment à la fureur du jeu et à l'usure la plus exorbitante, de donner au commerce parisien un moyen assuré d'escompte à un taux raisonnable; et il s'agissait de fonder cet établissement si favorable à une partie notable de contribuables, sans que la contribution y concourût par le moindre sacrifice. Les premiers millions qui fondèrent la Banque de France furent puisés dans la caisse d'amortissement, et ce fut Gaudin qui eut cette utile pensée et sut la mettre à exécution.

La Banque de France fut accueillie avec joie par le commerce de Paris dont elle devint la providence. Le gouvernement, de son côté, ne négligea rien pour la faire prospérer. Il lui confia le soin de payer en numéraire les semestres de la rente; il lui donna le droit d'émettre un papier-monnaie, et le crédit, qui avait disparu, revint à la grande satisfaction des commerçants, des industriels et du peuple, qui ne vit qu'à l'aide du commerce et de l'industrie.

Les recettes, qui étaient presque nulles; les recouvrements, qui étaient sans valeur; les délégations, dont on ne voulait à aucun prix; les rentes, qui étaient tombées à un capital moindre que deux années de leurs arrérages, toutes ces calamités financières avaient cessé. Au dehors on avait gagné des victoires, il est vrai; mais au dedans on avait aussi bien mérité de la France.

Gaudin trouvait que l'impôt foncier était trop considérable et qu'il écrasait l'agriculture. On n'a pas perdu de vue que c'était presque le seul qui eût été maintenu par la Constituante; il est vrai que depuis il n'avait pas été exactement recouvré, mais si l'État n'en avait pas retiré les sommes qu'il devait en attendre, les contribuables n'y avaient rien gagné non plus. Les produits de l'impôt foncier avaient été dissipés et gaspillés, les réquisitions de toute nature étaient tombées de toutes parts sur le propriétaire foncier qui, dans bien des crises politiques, avait couru en outre des risques encore plus graves de pillage et de destruction. Le ministre des finances avait donc l'intention de dégrever l'impôt foncier et d'alléger le fardeau des taxes immobilières. Il proposa au gouvernement et obtint plusieurs fois des remises sur cet impôt, et en concourant en 1805 à la création de la direction générale des contributions indirectes; il eut pour but le soulagement des propriétaires et des cultivateurs.

Gaudin avait toujours pensé qu'il fallait asseoir l'impôt foncier sur des bases justes et équitables, et c'est pour cela que depuis son entrée aux affaires il poursuivit l'excellente idée du cadastre; et, d'un autre côté, qu'il fallait un impôt de consommation aidant l'impôt direct à traîner le char de l'État. Suivant l'une de ses expressions familières, l'un des deux impôts sans l'autre était un moyen incomplet de conduire la fortune publique. Et en effet, l'impôt foncier attaché à la terre, vieil esclave de la glèbe, se trouve toujours; et dans les occasions difficiles on l'a sous la main; mais précisément par cette raison, il faut le ménager et non l'épuiser; il faut, dans les temps calmes et sereins, l'exciter à produire, l'encourager à s'enrichir, et s'adresser de préférence à l'autre impôt, qui disparaît dans les tourmentes et tempêtes, et n'éclot, pour ainsi dire, qu'au soleil de la paix. Il faut des impôts indirects, en un mot, parce qu'il ne faut pas tout demander à la contribution directe; et il faut d'autant plus demander aux impôts indirects, qu'en temps de guerre et de calamités on ne peut guère percevoir que les produits de l'impôt direct.

Quand le duc de Gaëte, ministre des finances de

l'empire, provoqua le rétablissement des droits-réunis, ce ne fut donc pas pour donner au gouvernement de nouveaux et plus riches moyens de luxe, de dissipation, et même de guerre. A cette époque, les pays conquis soldaient les dettes des conquêtes. Mais la direction générale des droits-réunis fut créée pour soulager la contribution foncière.

Plus tard, sans doute, et alors que les malheurs de la guerre eurent épuisé toutes les forces de l'État, les droits-réunis furent jugés insupportables, et il en fut de cette institution comme du vêtement le plus léger appliqué sur une plaie saignante ; cette contribution était intolérable par suite de notre état de maladie, mais dans son principe, à son origine, elle était un bienfait.

Il faut rendre cette justice à Napoléon que, pour lui, les impôts n'étaient pas une manière de s'enrichir aux dépens des peuples, mais seulement un moyen de gouverner ; qu'il ne leur demandait pas *tout ce qu'ils pouvaient produire*, mais le strict nécessaire de ce dont il avait besoin. Le duc de Gaëte avait été merveilleusement choisi par le grand homme ; car il n'était pas de fonctionnaire plus occupé et plus soucieux des besoins des contribuables que ce ministre, qui mettait tous ses soins à adoucir tous les maux et à soulager toutes les misères.

Le duc de Gaëte fut chargé en 1805 d'organiser

les finances en Ligurie, et il montra dans cette partie de l'Italie cette probité française et ce noble désintéressement qui ont fait l'admiration des peuples. En 1811, il organisa le système financier de la Hollande et des états de Munster.

A partir de l'an XI, les recettes du Trésor public dont les livres étaient tenus en parties doubles, s'étaient successivement accrues des contributions des pays conquis ou réunis, et elles n'avaient pas conservé de rapports avec les revenus naturels de la France; mais l'administration n'en avait pas été pour cela ni moins impartiale ni moins désintéressée. Le gouffre béant de la guerre était à la porte du Trésor et en aspirait incessamment toutes les ressources.

Du reste, depuis l'année 1808, le ministre des finances n'eut plus d'autre soin que d'entretenir les mouvements d'une machine dont tous les rouages avaient pris d'année en année une marche plus régulière et dont les ressorts ont résisté depuis à la secousse de deux invasions.

Ce sera, en effet, un spectacle digne de remarque pour l'observateur des temps futurs que celui de la France deux fois vaincue, envahie, opprimée, se relevant sans effort de ce double échec, repoussant sur l'Europe des rameaux puissants, et se rajeunissant au milieu de ses ennemis et de ses envieux, grâce à la sève immortelle, féconde, de sa centralisation administrative, politique, militaire et financière. C'est le secret de notre force. La nationalité française est comme le géant qui, luttant contre des forces réunies, succombe, mais retrouve ses forces en touchant la terre qui en est le principe et le centre.

CHAPITRE V.

DES BUDGETS DE L'EMPIRE.

Le premier budget digne de ce nom, c'est-à-dire présentant une situation à peu près exacte du Trésor public, fut présenté par le ministre des finances en l'an X au premier consul.

Il y était dit, chapitre 2 : « D'après les circonstances dans lesquelles la république se trouvait en l'an IX, au milieu de la guerre et à la suite du désordre dans lequel le gouvernement avait trouvé l'administration générale et les finances, vous ne crûtes pas devoir proposer un budget qui n'aurait pu être appuyé sur aucune base, même approximative, soit pour les recettes, soit pour les dépenses. On se borna donc à faire une évaluation du produit que l'on pourrait espérer des contributions existantes.

« Il convient aujourd'hui de revenir à l'exécution de la loi constitutionnelle qui veut que les recettes et les dépenses de chaque année soient réglées par le Corps législatif. »

Et le tableau qui était à la suite de ces observations présentait, d'une part, une évaluation des recettes s'élevant à cinq cent vingt-six millions quatre cent soixante-dix-sept mille francs, et, d'autre part, une évaluation des dépenses montant à une somme exactement égale.

Il faut lire ce budget et examiner ses divers chapitres pour voir les effroyables progrès que nous avons faits dans les dépenses de chaque service. Les recettes se sont sans doute élevées aussi; mais au lieu de nous trouver avec de puissantes réserves et de notables économies, nous sommes au contraire au-dessous de notre passif, et notre avenir est dévoué à une banqueroute inévitable.

Il faut lire surtout la fin de l'exposé de Gaudin. Après avoir retracé avec modestie ce qu'il a cru devoir faire pour mettre de l'ordre dans l'administration financière, il ajoute ces simples paroles :

« S'il est incontestable qu'une des principales sources de l'économie est dans l'accomplissement scrupuleux des engagements contractés, il est permis d'avancer avec confiance qu'il n'est point d'améliorations dont la situation actuelle de nos affaires et les principes connus du gouvernement n'offrent la perspective et l'espérance ; j'oserai même dire l'assurance et la garantie.

« Paris, le 15 ventôse an XI, le ministre des finances,

« *Signé* GAUDIN. »

Jusque-là on avait vécu au jour le jour. Les recettes suffisaient aux dépenses; mais la prévision ne pouvait embrasser plus d'un mois. Les comptes rendus par les commissaires de la trésorerie et rédigés par Gaudin, les rapports des divers ministres des finances, n'étaient, les uns comme les autres, qu'une sorte d'expédient n'ayant d'autre portée, d'autre but que d'assurer dans leurs limites les plus étroites les paiements des services pour un court espace de temps. A partir de ce budget, la vue s'étendit plus loin et embrassa l'horizon d'une année. Le présent s'enrichit de l'avenir, et les amis du gouvernement récupérèrent les trésors de l'espérance.

En l'an XI, Gaudin présenta son projet de budget au premier consul, et le commença en disant: « Citoyen premier consul, à mesure que le rétablissement de l'ordre s'assure et s'affermit, le compte que j'ai à vous rendre devient plus simple et plus facile. » Et quoique la guerre vînt de nouveau d'éclater, sans préoccupation stérile et en rendant compte des moyens les plus simples, grâce à une augmentation de soixante millions, le ministre des finances déclare que tout a été prévu et que les services sont assurés.

En l'an XIV, 1806, on retrouve dans le rapport du ministre des finances la même simplicité de moyens, la même intelligence des ressources du pays. Quant au style, il est changé; le budget commence par ces mots :

« Sire, tandis que Votre Majesté, à la tête de ses invincibles légions, soumettait en quelques mois, autant par l'habileté de ses conceptions que par la force de ses armes, d'immenses contrées... la France, fière du héros auquel elle a confié ses destinées... voyait les revenus de l'État rentrer avec exactitude, le service du Trésor marcher sans embarras. »

Les recettes et les dépenses sont évaluées pour cette année à huit cents millions, la guerre ayant exigé une augmentation très considérable.

En 1811, le duc de Gaëte présenta les comptes de l'administration des finances en 1809 et 1810.

« Je ne crains pas de le dire, écrivait-il, l'histoire n'offre point d'époque à laquelle les finances d'un grand empire aient été dans un état plus prospère... Si Votre Majesté porte ses regards sur la source de toutes les richesses, l'agriculture, elle la voit dans la situation la plus florissante, et le commerce intérieur a tout le mouvement que comportent les besoins multipliés d'une population de quarante millions d'hommes. »

On était loin de prévoir alors les désastres qui devaient sitôt détruire cette heureuse situation et rompre l'équilibre qui existait, au commencement de 1811, entre les besoins et les moyens d'y faire face. Alors l'empire était parvenu à l'apogée de sa gloire. Le chiffre des recettes et celui des dépenses n'était porté qu'à sept cent quarante millions. Le ministre des finances avait même opéré un dégrèvement sur l'impôt foncier dans la pensée que les dépenses n'excéderaient pas ses prévisions.

Mais il n'en devait pas être ainsi. Le plus illustre empire devait s'écrouler, et la guerre devait ramener des dépenses désastreuses. Il est inutile de parler ici de ces tristes épisodes où la France perdit tant de richesses sans rien perdre de sa gloire et de son honneur.

Ce fut le 11 juin 1815 que le ministre des finances Gaudin, duc de Gaëte, membre de la Chambre des pairs, présenta les comptes des finances pour les années 1813, 1814, et le budget pour les années 1815 et 1816. Il y disait, page 25 : « Des jours plus heureux viendront bientôt, nous en avons pour garants la sainteté de notre cause et l'élan national qui se manifeste de toutes parts pour le maintien de notre indépendance. »

Et plus loin au chap. 3, il écrivait avec cette probité véridique qu'il avait dans tous les actes de sa vie : « L'état présent de l'Europe et l'incertitude des événements qui doivent se passer dans le cours de 1815 ne permettent point d'apercevoir quels pourront être les besoins de l'année prochaine (1816). La seule proposition qu'il paraisse possible de faire en ce moment est celle de maintenir provisoirement les contributions sur le même pied que cette année ; d'autant que la conservation même de la paix ou bien une paix prompte à la suite des mesures de défense que la prudence a commandées ne nous affranchiraient pas, en 1816, de quelque augmentation de la dépense comparée à ce qu'elle doit être dans un temps ordinaire. »

Le chiffre des recettes et des dépenses s'élevait encore à environ 800 millions, se balançait encore par une somme égale de recettes où l'on avait cherché à ménager autant que possible les contribuables. Ce budget ne fut pas voté. Les événements militaires et politiques se pressèrent ; tout fut laissé pêle-mêle dans le chaos ; les ministres de l'empereur furent proscrits pour la plupart ; le duc de Gaëte fut respecté tant à cause de son titre de député qu'il dut au courage des électeurs du département de l'Aisne, qu'à cause de cette antique réputation de probité et de désintéressement qui l'entourait. Plusieurs des hommes les plus ardents de l'époque ne craignirent pas de rendre hommage à ses vertus ; et il racontait que M. de Labourdonnais lui-même, au moment des fameuses listes d'amnistie, déclara qu'il ne voulait pas comprendre dans ses accusations l'ancien ministre des finances.

Cependant, dans l'exposé de la situation du royaume présenté au nom du gouvernement à la

Chambre des pairs et à la Chambre des députés par l'abbé de Montesquiou, ministre de l'intérieur, le 12 juillet 1814, on avait imprimé, page 36, que « l'équilibre financier n'était que *fictif*, et que le budget, soit des recettes, soit des dépenses, était altéré par une foule d'inexactitudes et même de faussetés. »

Cette allégation si tranchante avait vivement ému le duc de Gaëte, et il n'avait pas eu de peine à prouver que c'était une calomnie, qui a été du reste suffisamment réfutée par sa vie et par ses écrits.

Il est un autre genre de reproches qui, pour avoir été moins sensibles à ce digne ministre des finances, n'en étaient pas moins injustes. Dans le rapport du budget de 1832, on a écrit avec une légèreté impardonnable que sous l'empire, le ministre des finances n'était qu'un chef de division des contributions directes près du ministre du Trésor qui était tout. Cette assertion inexacte fut reproduite avec une témérité plus incroyable encore dans le réquisitoire du procureur général près la Cour des comptes. Il est difficile de comprendre l'origine de cette erreur, mais il est très facile d'y répondre d'une manière péremptoire, puisque c'est le ministre des finances lui-même qui a demandé l'érection du ministère du Trésor qui était chargé spécialement du mouvement des fonds et des paiements, et qui n'avait aucune participation aux vues générales et d'ensemble sur l'assiette des impôts et leurs produits.

Pour abaisser et amoindrir les ministres de Napoléon qui n'a, certes, pas besoin que sa grandeur soit isolée, on a représenté ses ministres, et notamment le duc de Gaëte, comme de simples commis de la volonté impériale. Il n'en était rien. Les ministres avaient toute la confiance du grand homme qui les avait choisis, et qui avait précisément montré son habileté dans le choix qu'il en avait fait ; et il résultait de cette conformité d'intention et de but entre Napoléon et ses ministres, que le gouvernement marchait par une seule et énergique impulsion, bien que les chefs d'administration n'aient jamais eu plus d'indépendance et d'individualité.

On a cherché aussi à placer le conseil d'état de l'empire bien au-dessus des ministres de l'empereur, et, au dire de certains écrivains, il semblerait que les ministres étaient dans le vasselage du conseil. C'est encore une singulière aberration. Les ministres n'avaient aucun démêlé possible avec le conseil d'état, qui avait de son côté ses attributions et son honorable juridiction. Les ministres ne travaillaient qu'avec l'empereur, ne correspondaient qu'avec lui et n'étaient assujettis à aucune sorte de patronage ou de surveillance.

Ce qui a pu motiver, à l'égard du duc de Gaëte, ces singulières et mensongères préoccupations, ça été sa persévérante modestie et son désir de faire le bien en faisant le moins de bruit possible. Quand on a superficiellement connu le duc de Gaëte, on a pu croire qu'il était doux et peut-être un peu faible; mais quand on s'est rendu compte de tout ce qu'il a fait, qu'on l'a suivi à travers toutes les époques difficiles qu'il a franchies avec une présence d'esprit, un calme de conscience et une sévérité de probité inattaquables, on reconnaît que personne n'a eu, avec des formes gracieuses et polies, une plus grande et plus loyale fermeté.

Dans les mémoires de Napoléon écrits sous sa dictée à Sainte-Hélène, tome VI, page 106, on lit un jugement sur le duc de Gaëte qui l'honore, le venge de ses détracteurs et le recommande à la postérité.

Il y est dit : « C'était un administrateur de probité et d'ordre, qui savait se rendre agréable à ses « subordonnés, marchant doucement mais sûrement. Tout ce qu'il fit et proposa dans les premiers moments de son administration, il l'a « maintenu et perfectionné pendant quinze années d'une sage direction. *Jamais il n'est revenu « sur aucune mesure*, parce que ses connaissances « étaient positives et le fruit d'une longue expérience. »

CHAPITRE VI.

DU CADASTRE.

L'opération du cadastre est aujourd'hui jugée et sanctionnée. Elle a longtemps passé pour un rêve, elle a commencé péniblement au milieu de toutes les vicissitudes politiques, elle s'est développée avec l'empire, a grandi avec la puissante centralisation française, et s'est maintenue et achevée sous la restauration. Le duc de Gaëte disait avec raison en parlant du cadastre :

Exegi monumentum ære perennius...

C'était sa gloire à lui, son trophée; c'était l'œuvre à laquelle il voulait attacher son nom.

A son retour d'une tournée qu'il avait faite dans une partie de la France, à une époque où l'on travaillait avec ardeur à l'opération cadastrale, l'empereur dit publiquement au duc de Gaëte : « *Oh !* « pour le coup, vous êtes parvenu à rallier toutes « les opinions *à votre cadastre* ; on m'en a re- « mercié partout. *J'ai dit que c'était votre ou-* « *vrage et que je n'en réclamais rien.* »

Le principe du cadastre est dans la loi de l'Assemblée constituante du 23 septembre 1791. A cette époque, Gaudin était premier commis de la direction des contributions directes. Soit que cette pensée lui fût venue de l'appréciation journalière qu'il devait faire de l'assiette de l'impôt territorial, soit que cette idée eût germé en même temps dans beaucoup d'esprits; ce qu'il y a de certain, c'est que personne ne l'adopta avec plus d'empressement et ne la suivit avec plus de persévérance. Gaudin avait adopté le cadastre, le duc de Gaëte le fit sien, et ne négligea aucun moyen de l'établir et de l'élever à la grandeur où il parvint. Dans les derniers temps, on a contesté au duc de Gaëte l'idée première du cadastre, tandis que dans l'origine on lui attribuait cette paternité à titre de plaisanterie, parce qu'alors c'était encore un simple projet dont la réalisation paraissait très problématique.

Le cadastre avait pour but, et a eu pour résultat la répartition équitable de l'impôt foncier dans chaque département. Pour cela, il fallait arpenter le territoire, estimer son revenu et classer ses diverses parties. Il eût été sans doute désirable de pouvoir ensuite comparer les départements entre eux, apprécier leurs ressources respectives, leurs débouchés et les qualités de leurs terrains eu égard aux produits; mais cette opération ne peut avoir lieu que bien après la première, et il faut espérer que nous pourrons la voir réalisée quelque jour.

Le cadastre, en même temps qu'il faisait connaître à l'État ses richesses et qu'il indiquait à l'impôt ce qu'il devait atteindre et frapper, avait pour singulier avantage de révéler au propriétaire et encore au cultivateur des qualités longtemps inaperçues et des trésors que le travail devait féconder.

Du reste, le cadastre n'est pas définitif et irrévocable de sa nature. Les terres peuvent s'épuiser ou s'améliorer; les bois marécageux peuvent devenir d'excellentes prairies, et grâces à quelques amendements découverts, des terrains en friche peuvent devenir de très bonnes terres arables. Le cadastre doit revenir sur ses pas, et reconnaître la richesse qui s'est révélée et ne pas méconnaître la misère qui a succédé à l'abondance. Mais ces révisions de détail sont simples et faciles, quand l'ensemble a été apprécié et réglé avec intelligence et impartialité.

Le cadastre doit donner l'estimation raisonnable du produit net de chaque propriété. Les répartiteurs communaux ont ainsi une règle qui a été faite pour tous les habitants; le propriétaire doit par là connaître ce que sa terre peut lui produire, et le cultivateur lui-même doit demander à son travail et à son industrie le produit que l'on a évalué par avance.

Quant aux limites des propriétés entre elles, le cadastre est un tuteur éclairé et impartial. Ses registres sont ouverts à chacun et doivent être consultés par les intéressés. Si les terrains ont été améliorés, s'ils sont susceptibles de l'être, le cadastre l'a indiqué avant tout le monde. C'est une statistique positive du plus haut intérêt; c'est le grand livre terrier de la France, c'est une garantie de l'impartialité de l'impôt; et en même temps qu'il guide le percepteur et collecteur des taxes, il éclaire et dirige le propriétaire et le cultivateur.

En quittant le ministère des finances, le duc de Gaëte n'abandonna pas le cadastre qui lui devait toute son existence. Devenu membre de la Chambre des députés, le duc de Gaëte défendit l'achèvement du cadastre contre toutes les objections, et il le protégea contre les réactions qui le menaçaient, de même que toutes les institutions de l'empire. Discours, brochures et rapports, le duc de Gaëte réunit tous ses moyens pour protéger son bienfait, et il a pu voir enfin terminée et couronnée du plus beau succès l'opération la plus laborieuse et la plus chère de sa vie financière.

En cela, comme en tout le reste, le duc de Gaëte prouva qu'un bon ministre des finances est aussi désireux du bonheur des contribuables que de l'abondance des impôts, et que les meilleures mesures sont celles qui, en donnant des aliments légitimes à la perception des taxes, offrent à tous les contribuables les moyens de prospérer et de s'enrichir.

CHAPITRE VII.

DE L'OPINION DU DUC DE GAETE SUR DIVERS OBJETS RELATIFS AUX FINANCES.

On a longtemps considéré comme un homme de génie le financier qui trouvait le moyen d'accroître les charges publiques sans les rendre trop pesantes et trop dures. On a attribué à un roi de France ce propos mal sonnant adressé à ses financiers : « Je vous avais autorisé à tondre mes moutons, mais non à les écorcher. » C'est la conséquence de ces principes que mettent en pratique les grands partisans des emprunts. Ils ne surchargent pas, il est vrai, la génération présente, mais ils ruinent le pays. Ils ne font payer que quelques intérêts de plus aux contemporains, mais ils grèvent l'avenir et frappent pour longtemps de stérilité le travail et le commerce de la nation.

Le duc de Gaëte disait qu'il était également éloigné d'ériger l'emprunt en système, et de le proscrire ; que c'était quelquefois un mal nécessaire, mais qu'il fallait le restreindre aux besoins les plus urgents ; que l'emprunt n'enrichissait pas l'Etat de tous les capitaux qu'il lui fournissait, qu'il l'écrasait au contraire d'une dette qui par la suite pouvait devenir intolérable ; mais que les emprunts, dans certaines occasions, étaient des expédients qui sauvaient un pays de la ruine.

Le duc de Gaëte considérait l'amortissement comme le corollaire obligé de tout emprunt loyalement contracté, et comme étant le seul remède de ce qu'il considérait toujours comme un mal.

On a beaucoup parlé de l'amortissement, et aujourd'hui, il faut le reconnaître, on est un peu revenu sur l'opinion qu'on avait de son utilité et de son efficacité. L'amortissement, en effet, est une opération qui consiste à emprunter un peu plus que la somme dont on a besoin, afin de consacrer cet excédant en capital et intérêts composés à éteindre successivement le montant de la dette.

Ainsi, supposons que dans une occasion donnée on ait besoin de cent millions pour des travaux publics, on en empruntera cent cinq, on consacrera cinq millions à éteindre la dette, et au fur et à mesure que les revenus seront versés au Trésor, on consacrera chaque année une somme égale et les intérêts composés de la première somme de cinq millions à racheter une partie de la dette, pour arriver enfin à la libération complète tant du principal que des intérêts de la dette contractée.

Mais l'on peut se demander d'abord pourquoi emprunter plus qu'il n'est rigoureusement besoin? et ensuite on peut se demander encore, comment arriver à une complète libération quand les créanciers auront, en vue du remboursement, des prétentions exorbitantes?

Ces observations paraissent insolubles à beaucoup de bons esprits, et cependant il faut reconnaître que des financiers très judicieux et très habiles, et notamment le duc de Gaëte, ont cru religieusement à l'utilité de l'amortissement, à son efficacité et à sa nécessité.

Ce qui les justifie, c'est que l'amortissement n'est pas seulement une opération matérielle, mais que c'est aussi une opération morale; et que si cette réserve faite sur les deniers d'un emprunt ne ressemble guère qu'à une *tirlire* où l'on place successivement un petit trésor dont on pourrait se dispenser d'emprunter le capital, et qu'on pouvait se dispenser d'administrer, cette réserve prouve d'une manière claire et complète qu'on a les moyens et surtout la volonté de se libérer.

Quoi qu'on en ait dit, il faut bien que cette considération morale ait de la valeur, puisque les emprunts faits dans les circonstances les plus fâcheuses ont été merveilleusement encouragés et facilités par la condition de l'amortissement. Tant il est vrai que l'assurance donnée sur gages que l'État veut satisfaire ses créanciers, est une manifestation de probité et d'honneur que les créanciers apprécient et consacrent, et qui devient très utile à l'État lui-même.

Le duc de Gaëte tenait tant à l'amortissement et à toutes ses réserves et puissances, qu'il avait vu avec douleur que sa dotation avait été attribuée aux travaux publics. C'était la scrupuleuse délicatesse d'une belle âme. Ne pas rompre ses engagements, ne pas les ajourner, n'enfreindre aucune des conditions de son contrat, telle était sa constante manière de voir et son invariable règle de conduite.

Cependant on ne peut contraindre l'Etat à payer ses créanciers et à éteindre sa dette, quand les créanciers de l'Etat ne veulent pas recevoir. Or, les créanciers de l'Etat veulent-ils recevoir quand la rente a dépassé le pair de son capital? non sans doute. Ils n'ont qu'à vendre au cours du jour et ils sont désintéressés. Lorsqu'au contraire la rente est redescendue au-dessous du pair, alors l'Etat se retrouve sous son obligation d'amortir et revient naturellement à la loi de son contrat.

Le duc de Gaëte admettait en principe que l'Etat pouvait rembourser, et que c'était vouloir faire banqueroute dans un temps plus ou moins éloigné, que de proclamer le principe de non-remboursement; du reste il n'était pas partisan du projet de loi sur le remboursement de la rente cinq pour cent.

Mais pour se libérer il n'y a que deux moyens. D'abord l'amortissement qui devient impraticable quand la rente parvient à un prix exagéré; et ensuite le remboursement forcé en donnant le capital nominal quelle que soit la valeur au cours du jour.

Ce second moyen est susceptible de sérieuses critiques. On dit, il est vrai, que l'Etat ne saurait subir une condition plus dure que celle de simples particuliers qui peuvent toujours se libérer; mais il est évident que l'Etat ne se trouve pas dans les mêmes conditions, et que ses créanciers, par exemple, ne peuvent dans aucun cas exiger leur remboursement. Ensuite il y a cette grande raison que l'Etat en s'adressant au crédit et en obtenant du crédit, ce dont il a besoin pour ses divers services, a contracté avec le crédit un contrat d'une nature toute particulière qui a ses chances, ses avantages et ses dangers.

L'Etat peut sans doute, et il doit même renoncer à amortir, quand il lui faudrait débourser pour éteindre sa dette une somme plus considérable que celle qui a été débattue et réglée comme étant le capital lors de l'emprunt qu'il a contracté; mais il ne peut jamais forcer ses créanciers à recevoir autre chose que ce qui est vendu à la Bourse, et ce qui est la vraie et unique représentation de la portion de confiance qu'ils ont eue en leur débiteur.

Quoi qu'il en soit, le duc de Gaëte n'avait pas, en sortant de l'administration publique, renoncé à la secourir, dans les questions des emprunts, de l'amortissement et du renboursement. Il a offert jusqu'à la fin le concours de ses lumières et de son expérience.

Il voyait avec douleur que l'administration centrale des finances, qu'il avait constituée et dirigée avec autant de clarté que de méthode, était devenue, au grand détriment du trésor, une dispendieuse fourmilière, où le seul problème résolu était celui du plus facile travail avec le plus grand nombre d'employés. Les fonds destinés à l'administration centrale ont décuplé; on a augmenté, il est vrai, quelques attributions et imposé de nouvelles habitudes, mais il n'en est pas moins certain que le service était aussi régulier, aussi fidèle et coûtait beaucoup moins autrefois. En multipliant les rouages, en compliquant les mouvements, on est parvenu à échelonner des hiérarchies entières de fonctionnaires dont on ignorait les services et le nom. Aujourd'hui la seule inspection des finances, composée d'un nombre considérable de promeneurs souvent inutiles, coûte presque autant qu'un ministère du grand empire. On veut avoir des places à donner, des créatures à satisfaire, et l'on ne songe pas aux contribuables, à leurs besoins et à leurs misères. Le duc de Gaëte disait qu'étant ministre des finances, il n'avait jamais perdu de vue un seul jour ce qu'il fallait au peuple de veilles et de labeurs pour remplir le trésor dont le gouvernement devait répartir les richesses.

Comme gouverneur de la Banque de France, le duc de Gaëte se croyait également investi d'un poste de confiance d'où il devait veiller avec une intelligente sollicitude aux besoins d'une classe intéressante de contribuables. Ce n'était plus l'intérêt général des habitants du territoire, mais l'intérêt respectable à tant de titres des commerçants de la capitale.

La Banque de France établie à Paris et pour Paris avait à son origine une forme purement démocratique, c'était une petite république au milieu de la grande république. La répartition des deniers, l'escompte des effets de commerce, l'émission du papier-monnaie, tous les objets d'administration étaient privés d'une direction unique. Il y avait sans doute plus de liberté et de vie dans les opérations de cet établissement, mais il y avait des embarras et des conflits qui présentaient de grands dangers. Au milieu de la prospérité publique, et par suite d'une terreur sans motifs, la confiance générale manqua tout à coup un jour à la Banque, et le contre-coup terrible qu'en ressentirent le commerce et l'industrie de Paris donna à l'empereur la pensée de créer un gouverneur de la Banque.

Napoléon fit du gouvernement de la Banque une grande dignité, et un poste profitable; il ne voulait pas seulement donner un grand emploi à un homme qu'il affectionnait, mais aussi donner un tuteur à un établissement dont il connaissait tout le prix.

Il choisit pour gouverneur de la Banque un homme de mœurs austères et un magistrat, afin de soustraire cette institution essentiellement commerciale à l'influence exclusive des commerçants. Il comprenait que si le commerce et l'industrie sont disposés par leur nature à faire beaucoup d'affaires, il fallait que le gouverneur d'une institution qui tenait au gouvernement fût, par sa nature particulière, éloigné de toute espèce de commerce et d'industrie.

Lorsque le gouvernement provisoire appela l'un des négociants les plus considérables de Paris, et qui était l'un des régents, à diriger, à titre transitoire, le gouvernement de la Banque, il fit ce qui était praticable dans ce moment de trouble et de transition. Si, pendant quelques années, cet état fut maintenu, ce fut parce que le gouvernement avait tant d'affaires arriérées à régler, qu'il ne put s'occuper de celle-là qui pressait moins d'autant que la direction honorable de M. Jacques Laffitte ne laissait rien à désirer. Mais ce n'était point un état normal; et lorsque, sous le ministère de M. le comte Roy, le duc de Gaëte reçut le gouvernement de la Banque qu'il avait lui-même concouru à créer en 1806, il prit un poste qui n'était pas occupé, et on ne fit que rétablir pour lui la légalité de l'institution.

Les événements postérieurs ont bien prouvé que le gouvernement de la Banque devait être toujours confié à des hommes étrangers aux affaires et indifférents aux mouvements du commerce. Si, en 1830, l'homme le plus justement considéré dans la banque avait occupé ce gouvernement, croira-t-on que la Banque de France eût pu traverser, comme elle l'a fait, la crise effrayante qui frappa à la fois tous les négociants?

Le duc de Gaëte, qui avait continué à bien mériter du pays comme gouverneur de la Banque, fut remplacé à la suite d'un changement de ministère.

Le conseil général de la Banque lui adressa la lettre suivante qui est le témoignage le plus flatteur et le plus désintéressé de sa loyale administration :

« Monsieur le duc,

« Au moment où le conseil général de la Banque est appelé à se séparer de vous, il éprouve le besoin de vous exprimer les regrets que lui laisse votre retraite.

« Accoutumés, depuis longues années, à apprécier la noblesse de votre caractère et la bienveillance de votre commerce, témoins du zèle constant avec lequel vous administriez, comme gouverneur, un établissement que vous avez contribué à fonder, comme ministre, et où vous laissez les plus honorables souvenirs, les membres du conseil vous demeurent unis par les liens d'une profonde estime et d'une véritable affection. Ils désirent que vous trouviez ici le témoignage de leurs sentiments, et ils vous prient d'agréer l'assurance de leur haute considération et de leur sincère attachement.

Suivent les signatures.

« Paris, le 10 avril 1834. »

CHAPITRE VIII.

APPRÉCIATION RÉSUMÉE DES ACTES ET DE L'ADMINISTRATION DU DUC DE GAETE.

Le duc de Gaëte a vécu plus de quatre-vingts ans, et il a eu le bonheur de servir son pays pendant soixante années sans interruption, et avec un égal dévouement :

Premier commis des finances ou commissaire de la trésorerie pendant vingt ans ;

Ministre des finances de la France et de l'empire pendant quinze ans ;

Député, gouverneur de la Banque et écrivain pendant quinze autres années.

Il n'a jamais fait un acte qui ne fût celui d'un bon citoyen et d'un loyal fonctionnaire ; il n'a jamais écrit une ligne qui ne fût destinée à éclairer le pays ; il n'a jamais dit une parole qui ne fût celle d'un homme de bien.

Il a eu le rare avantage de pouvoir mettre en pratique les réformes et améliorations qu'il avait préconçues, et il a suivi courageusement et avec persévérance ce que son intelligence et sa conscience lui avaient indiqué devoir faire le bien de sa patrie.

Au faîte de la fortune, il n'a pas augmenté son patrimoine. Modeste et timide même au sein du luxe le plus éclatant des temps modernes et du plus merveilleux retentissement des conquêtes, il s'est occupé paisiblement et avec soin de tous les détails de son administration. Reconnaissant des bienfaits de l'empereur, il a publié sa gratitude et n'a jamais voulu être autre chose qu'un ancien ministre de l'empire. Ce souvenir suffisait à son ambition. Devenu député, il s'est occupé sans morgue, sans dépit, sans fastueuses réminiscences, des finances de son pays. Il a été de toutes les commissions, de tous les conseils où l'on réclamait ses lumières et son expérience. Il n'a jamais refusé son concours et n'a jamais imposé son opinion. Ayant cessé d'être député, il ne s'est plaint ni de la dureté et sécheresse des cœurs, ni de l'ingratitude de ses concitoyens, ni de l'inintelligence et inaptitude contemporaines. Il a pris la plume comme s'il entrait dans la carrière et avec une admirable modestie; il a offert ses conseils et ses avis sans parler ni de son âge, ni de tout ce qu'il avait fait de grand et de glorieux.

Les hommes de ce caractère sont rares, surtout

quand les vertus sont environnées de cette touchante simplicité qui les fait chérir. Parlait-il de l'empereur? le duc de Gaëte se servait des plus délicates expressions du respect et de la reconnaissance. Parlait-il des temps de la république? c'était, suivant lui, une époque de guerre et de crise. Les hommes de ce moment étaient robustes, leurs étreintes étaient puissantes, mais leur probité et leur honnêteté étaient à l'épreuve comme leur courage. Il racontait souvent qu'il avait reçu à la Trésorerie la visite d'un représentant du peuple dont le nom était peu connu, et qui avait passé trois mois en mission à l'armée. Ce représentant avait reçu en partant de Paris cent louis pour ses frais de route et de mission, et il en rapportait soixante-quinze. Sous la restauration, il considérait que son rôle d'homme d'état était terminé; il n'aurait plus voulu accepter de nouvelles fonctions : le gouvernement de la Banque lui avait paru un poste de confiance complétement étranger à la politique et en dehors du gouvernement, et c'est ainsi qu'il lui avait été expressément proposé et qu'il l'avait accepté.

Le duc de Gaëte a laissé, pour souvenirs et monuments de son administration, l'ordre et l'équilibre des finances, l'organisation des perceptions directes, le rétablissement des receveurs généraux, l'équilibre des budgets, le création de la caisse d'amortissement, et par-dessus tout cela, le cadastre général du territoire.

Il est beaucoup d'hommes d'état, dont on vante le génie et qui se piquent d'en avoir, qui n'ont inventé que mille dorures et clinquants pour surcharger et embarrasser les rouages simples et faciles, assemblés et mis en mouvement par le ministre des finances du gouvernement consulaire.

Le duc de Gaëte a laissé des mémoires qui le peignent tout entier; il était indulgent et bon pour les autres et trop peu orgueilleux de lui-même. S'il avait un défaut, c'était sa modestie qui doublait sans doute le prix de ses affections privées, mais qui ôtait du relief à l'une des plus nobles organisations, et à l'un des choix les plus honorables de l'empereur Napoléon.

L'histoire est arrivée enfin pour Napoléon, pour le cortége de ce grand homme et pour son siècle. Nos enfants trouveront, sans doute, que nous avons été généralement bien indifférents et bien froids pour cette sublime époque, et ils auront raison; car à côté des victoires impériales qui rivalisent avec les plus étonnants faits d'armes des anciens, il serait juste d'applaudir plus qu'on ne le fait à des lois civiles et administratives qui ont été élaborées avec sagesse et exécutées avec justice; à l'ordre le plus parfait qui jamais ait régné dans le pays, et à cette économie dans les finances françaises qui n'ont jamais été dirigées avec un sentiment plus vrai de droiture, d'impartialité et de probité. L'auteur de cet essai n'a pas la prétention de s'être entièrement élevé au-dessus du reproche qu'il confesse avoir mérité par défaut d'enthousiasme et de foi, mais il espère du moins avoir concouru à sauver de l'oubli quelques particularités de la vie d'un des ministres de l'empire, et à provoquer la reconnaissance du peuple sur la loyale, humaine et irréprochable administration du duc de Gaëte.

FIN.

TABLE DES CHAPITRES.

PREMIÈRE PARTIE.

DEUXIÈME PARTIE.

FIN DE LA TABLE.

www.ingramcontent.com/pod-product-compliance
Ingram Content Group UK Ltd.
Pitfield, Milton Keynes, MK11 3LW, UK
UKHW021108290826
14628UKWH00014B/1313

9 782014 023497